税務調査官の着眼力

顧問税理士や社長にも教えてあげよう

薄井逸走 著

中央経済社

まえがき

最近の警察は捜査能力の低下が指摘されています。昔のように足を使って現場周辺の聞き込みをするのではなく、防犯カメラの映像や電話やパソコンの通信記録などを頼りに捜査をする傾向が強くなったからです。

それは、時代の変化、世の中の変化、地域社会の変化が原因でもあるのですが、「捜査の勘」という職人技がなくなっているのは、私たち市民も感じるところです。

同じように、税務署の調査能力の低下も指摘されています。コンピューターのデータで調査対象を選定し、各税務署で集められた取引資料と会計帳簿を照合するような調査が主流となっているからです。

帳簿が手書きだった時代では、記帳された字やインクの様子から、毎日書かれたものなのか、まとめて書かれたものなのかの判断をすることができたのですが、昨今の会計のコンピューター化で「調査の勘」を働かすことができなくなっています。「調査の勘」というのは、長年の調査で生まれてくるものです。

例えば飲食店の場合ですと、店に入った時の印象（掃除の行き届き具合、テーブルの材質、食器の傷み具合、店員の行動姿勢、等々）で、その店の売上金額の見当がついたといいます。

そして、長年の調査で行われてきたこととは、消費した割箸の本数で売上高をつかむこと、使用したお絞りの数で来店した客の数をつかむこと、仕入れたビールの本数が売上に反映しているかをつかむこと、等々なのですが、エコ化が叫ばれ、割箸が塗り箸に代わり、衛生面からかお絞りが使い捨ての紙お絞りに代わってしまい、「調査の勘」がますます発揮されなくなってきているのが現状です。

ただ、ビールの本数の調査は今でも有効です。しかし、こちらは時間がかかる地道な調査なので、若い調査官には好まれていないようです。

時代とともに、効果がある手法、速効性のある手法へと調査方法が大きく代わってきているようですが、温故知新は必ずあって、「調査の勘」「調査官の勘」「調査官の着眼力」は脈々と受け継がれて今日に至っていることも事実です。

さて、日本は、政治や経済においては発展途上国だと言われます。特に税制においては頻繁に指摘されますが、最近ようやく、法人税率の国際比較に目覚め、各国との税制の違いに気づいてきました。「水は高きより低きに流れる」と言われるように、人も法人も高きから低きに（税率の高い国から低い国へと）流れるようになってきたことにも気づき始めました。

民族大移動ということではありませんが、所得税や相続税の世界では、課税を逃れ、納税を抑えるために、外国へ移住する人が増加しています。

例えば、香港、シンガポール、ニュージーランド、スイスなどがその移住先です。これらの国の税制では、金融資産の売却益に課税されませんので、移住した先で株式などを無税で売却することができるからです。

庶民は移住のコストと節税額の比較をしたがりますが、富裕層と呼ばれる人たちは、比較するまでもなく移住した方が節税になりますので、高きより低きに流れます。

記憶にあるのは、庶民金融の会長が香港に住む長男に約２０００億円の株式を贈与した事件でしょうか。この事件は、脱税を認定した高裁判決を覆し、最高裁は、長男の香港居住が租税回避の目的であったとしても、税法に規定がない限り課税はできないとしたのです。

これらについて、国は「過度な節税」と言いながらも、具体的な対策を立ててこなかったことも事実でした。しかし、ここにきて、ようやく「出国税（みなし譲渡益課税）」が導入されることになりました。

その概要は、２０１５年７月１日の出国から、有価証券やＦＸ・匿名組合の持分の含み益の合計が1億円以上の日本居住者に対し、出国時の含み益について、譲渡があったものとして、所得税と住民税を課税する、というものです。ただし、出国日から遡って10年の間で日本居住期間が5年以下である人は含まないように配慮もしているようです。

実は、このような出国時の課税は多くの国で導入されていて、主要7カ国（Ｇ７）で導入していないのは日本だけなのです。井の中の蛙《かわず》がようやく目を覚ましたのです。

ただし、未実現の利益に課税しますので、実際に売買した時に利益が出なかった時はどうするのか、海外移住でなく商社など社員の駐在はどう扱うのか、そして、実際に「過度の節税」が防げるのか、など色々な問題が残っています。実はこうした新制度の適用初期は、調査官も会社も慎重に対応し、そこでは、やはり「調査の勘」「調査官の勘」がモノを言います。

いずれにせよ、一歩踏み出した日本の税制のお手並み拝見といきましょう。

話を戻しますが、税務調査にあって、調査官は年間に20社を越す調査をし、一方の調査を受ける企業の方は5年から7年にたった一度の調査となっています。比率にすると、

120対1です。スポーツの試合でしたら、戦う前に負けている、という感じです。ですから、調査官の調査方法、処理の方法を知っておくことは重要です。

この本では、30以上の事例を掲げていますが、読者の方々がこれと全く同じ内容での調査を受けることはないでしょう。しかし、税務調査に対する調査官の姿勢や着眼点を披露していますので、ひいては税務調査の考え方、進め方などの理解に十分役立つはずです。

税務調査の場面を再現することが、日頃の経理処理を改善する一助となり、税務調査を受ける心構えの一つとなると確信しています

2015年3月

薄井　逸走

目　次

1

交際費が経費で落ちる？

法人の交際費に関しては、ここ数年、毎年のように損金算入の限度額の改正が行われています。交際費課税を緩めれば景気が良くなる、という政府の考えが働くからですが、逆に課税が厳しくなったのではと感じる企業もあります。

それは、資本金が1億円以下の法人の場合では、平成26年4月1日以後に開始する事業年度（つまり、平成27年3月31日決算の事業年度）からは、接待飲食費（飲食その他これに類する行為のために要する費用）の50％に相当する金額を超える部分の金額が損金不算入とされたからです。

しかし、資本金が1億円以下の法人の場合には、年間800万円の定額控除限度額があり、接待飲食費の50％と800万円を控除した交際費の残額いずれか少ない方の金額になりますので、この改正で、前年度より交際費課税が厳しくなるということはありません。接待飲食費が1600百万円を超す場合には、損金算入限度額が上がることになります。

名古屋会計事務所は、税理士の名古屋氏が代表を務める会計事務所。今日は顧問先で経理部長などを集めて勉強会を開きました。

いつもなら淡々と勉強会が進むのですが、経理部門は初めてという新任の経理部長が着任しましたので、基礎の基礎から勉強会が始まります。テーマは交際費です。

接待飲食費は5000円まで経費で落ちる？

「交際費は5000円まで、年間800万円を超すと経費にならない……私が知っているのはこんな程度です」交際費がテーマと聞いて、新任の経理部長はこう言います。

素人で、何も知らないけれど、ポイントは押さえているでしょう、というニュアンスが込められています。

「それでは、経理部長から話のあった、5000円の意味から勉強しましょう」

交際費というと、5000円という言葉が返ってくるほど、5000円の枠は知られているのですが、この5000円ほど誤解されている金額はありません。

「経理部長のおっしゃる5000円は、飲食等のために要する費用で、1人当たりの金額が5000円以下という場合の……この5000円のことですね」

「そうです、その5000円です」

「これは、交際費は5000円までという意味ではなく、5000円以下なら交際費にならないという規定です。つまり、会議費などの科目で経理ができるということです」

そのためには、次の事項を記載した書類を保存していなければなりません。

①飲食等の年月日

②飲食等に参加した得意先、仕入先等の氏名又は名称及びその関係

③飲食等に参加した者の数

④その費用の金額並びに飲食店等の名称及び所在地

①と④は領収書に記載されていますので、②と③を領収書の裏などに記載しておく必要があります。

「得意先の名前と人数ですか。面倒だし、プライバシー問題にもなりそうですね」

「面倒でも、プライバシーでも、やらないわけにはいきませんが、やらないで済む場合もあります」

「どんな場合ですか」

「交際費等の合計額が800万円以下の場合です。交際費には800万円の定額控除限度額がありますので（資本金が1億円以下の場合）、800万円以内に収まるのであれば、面倒なことをする必要はありません」

「なるほど」

「御社の前期の交際費は700万円で、会議費扱いにした飲食費が50万円で、合計750万円ですので、少額の飲食費が交際費であったとしても、損金不算入となる金額はないことになります」

「無駄なことをした、ということですか」

「前期の交際費の課税という点だけから見れば無駄だったかもしれませんが、この先、交際費の課税がどう改正されるか分かりませんし、御社の交際費が年間800万円を超すかもしれませんので、社員の皆様には、社名や人数の記録をお願いしてきました」

名古屋税理士の解説のとおりです。少額の飲食費を含めた交際費が、年額800万円以内であるなら、社名や人数の記録は必要ないのです。

とはいえ、税務調査の場面で、私的交際費ではないかと疑われないよう、接待先を記録しておく習慣を付けておくことは重要です。

交際費等にはならない福利厚生費

「この他に、交際費にしなくてもいい費用はあるのですか」

「例えば、社員の慰安のために行う運動会や旅行等の費用があります」

「これは、福利厚生費で、交際費とは無関係ですよね」

「交際費等とは、交際費、接待費、機密費その他の費用で、法人が、その得意先、仕入先その他事業に関係のある者等に対する接待、供応、慰安、贈答のために支出する費用をいいます」

「社員は得意先ではありませんからね」

「社員は、その他事業に関係のある者になり、社員旅行といえども慰安のための支出ですので、基本は交際費です。ですが、交際費にしなくて良いと、定めています。慰安旅行の他にも創立記念日などに際し、従業員におおむね一律に、社内において供与される通常の飲食に要する費用、結婚祝、香典なども、福利厚生費として経理できます」

これまた交際費等ではない広告宣伝費

「カレンダー、手帳、扇子、うちわ、手ぬぐいなどの物品を配布する費用や、福引きなどで交付する金品も、広告宣伝費として経理することができます」

ただし、これらは一般消費者に対して配布提供した場合に限られますので、
●化粧品の製造業者や販売業者が美容業者や理容業者を対象とする場合
●建築材料の製造業者や販売業者が、大工、左官などの建築業者を対象とする場合

など、特定の業者を対象とした場合には、交際費となります。

チョットきわどい取材費

「それから記事や放送のための取材費も、交際費から外して取材費として経理できます」「取材のための費用ですか。そうしますと、社内報作成のための取材費で飲食しても、交際費にはならない、ということですね」

「基本的にはそうですが、社員20名のための社内報の取材費としてどの程度の金額が妥当なのかという常識的な金額があります」

新任の経理部長らしい考えです。税法といいますか、税金の仕組みといいますか、これらが少し分かってくると、このようなことを考えるようになるものです。

しかし、税法以前に、税金の仕組み以前に、常識が優先します。社員20名の会社が、社内報を作成するため、社長を囲んでの座談会を開き30万円の飲食費を要したとするなら、それは、交際費以外の何ものでもありません。理屈ではなく、常識が優先します。

同じように、「1人当たりの飲食費が5000円以下」にするには、参加人員を水増しすればいいのですが、20万円の接待費を会議費で落とすために、小さな料亭で40人と会食したとするなら、調査官の目が光ること必至です。

2

情報提供料は交際費か？

情報提供というと、どのような職種を思い浮かべるでしょうか。

古くからある情報提供は、お寺から葬儀屋への伝達でしょう。昔は、お年寄りが亡くなると、お寺に相談して葬儀の段取りが決まり、お寺から葬儀屋へと情報が伝わったものです。そして、葬儀屋からお寺には、なにがしかの謝礼が支払われました。

時代が変わった今、お寺との付き合いがない家が多くなり、人が亡くなったことの情報は、病院から、あるいは老人ホームから葬儀屋へもたらされ、葬儀屋からお寺へと伝わっていきます。お寺さんを紹介して欲しいというのが現実です。そして、葬儀屋から、霊園や墓石店に情報が提供されます。

この業界は持ちつ持たれつと言われますが、情報は一方通行で流れますので、一方通行のままでは持ちつ持たれつという平等な関係にはなりません。紹介の謝礼、すなわち情報提供料が支払われて初めて、持ちつ持たれつの関係になるのです。

トム66は、ＩＣカードを製造販売する時代最先端の企業。

ＩＣカードは、銀行のキャッシュカードをはじめ、クレジットカード、交通カード、住基カード、学生証、社員証などに使われ、まだまだその利用分野は増えると見込まれているのですが、販売者側には利用者のニーズが分からない、利用可能な分野ではＩＣカードのメリットが理解できていない、というのが現状です。

そのため、トム66では、自薦他薦を問わず、ＩＣカードの利用を考えている企業の紹介を募っていて、そのための紹介料を多額に支払っています。

非事業者への紹介料？

「紹介料という科目があるのも珍しいですが、その金額も多いですね」

調査官は紹介料に着目して、こう切り出します。

「ＩＣカードがどこでどう使えるのか、どこで使うのがいいのか、我々製造業には分からないところがありますので、広く情報を求めています」社長が答えます。

「紹介料の元帳を見ると、５万円という定額の支払が多くありますが、この５万円という紹介料の内容はどのようなものですか」

「会社員、学生、フリーターなど、社会に出ている人に広く情報提供を呼びかけています。

ＩＣカードの導入につながる情報に対しての5万円です」

「情報提供の内容がよく分からないのですが？」

「30分のプレゼンテーションとその後の30分の質疑応答に応じてくれる事業者を紹介することが条件です。紹介者自身もそこに同席してもらいます」

「それだけで、5万円ですか」

「プレゼンテーションに応じるということは、かなり前向きということですので、紹介料の支払に値します」

「契約書はありますか」

「契約書はありません。5万円のことですから」

「支払先が会社員や学生など、事業者でないことに加え、契約書が作成されていませんので、この5万円の支払は交際費になります」

調査官の指摘は間違っていません。紹介やあっせんを業としない人に対しての支払は交際費になるのが原則です。

ただし、情報提供の内容が具体的に明らかにされている契約書が作成されている場合には、支払った紹介料は交際費にはなりません。

「紹介料を支払うことについては、当社のホームページで公開していますし、支払の基準も明示しています。先ほど言いました他に、役員が1名以上、プレゼンテーションに同席することも条件になっていますので、契約なしのいい加減な支払ではありません」

「契約書がなければ、どこの誰だか分からないではありませんか」

「支払は銀行口座への振込のみです。それも、ホームページに書いてあります」

「友人や知人同士が、紹介料目当てで応募してくるではありませんか。仕事に対する支払とは思えません」

「友人だからいいのです、知人だからいいのです。専門家の営業でないからこそ、新しい分野の開拓ができるのです」

トム66の対応に間違いはありません。契約書という書類の有無が紹介料と交際費を区分する基準ではありません。ホームページで具体的な内容を明示することは、仕事の依頼であり契約の申込みですから、これに基づく支払は交際費には該当しません。

IT業者はすべて情報提供業者？

「アポロ77という会社に、紹介料の支払がありますが、アポロ77というのは、情報提供業者ですか」

「情報提供業という言葉を聞いたことがありません。どういう業種を指すのですか」

「取引に関する情報の提供や、取引の媒介、仲介、あっせんなどをする業種で、例えば、不動産の仲介業などのことです」

「私どものＩＣ業界に、そのような業者はいません」

調査官のいう不動産仲介業が適切な例であるかどうかは疑問です。情報提供、媒介、仲介、あっせんとなると、不動産仲介業しか思い浮かばないのが現状ですから、ＩＣ業界で不動産仲介業を出しても理解はしてもらえないでしょう。

「何をしている会社なのですか」

「いわゆるＩＴ業です。情報処理を請け負っている会社です」

「アポロ77は情報提供業ではないのですね。そうしますと、同社に支払った紹介料は交際費となります」

「交際費という認識はありません。顧客を紹介してもらったことに対する謝金です」

「謝金ですから、交際費です」

「手数料と言い替えればいいのですか。言葉尻を捉えないで下さい」

「アポロ77が情報提供業ではないので、謝金という感覚になるのではありませんか」

「ＩＴとは、情報を扱う技術のことです。その会社から紹介があって……そうか、紹介と言ってはいけないようですね……その会社から依頼があって、当社でＩＣカードを作成したのです。ですから、紹介料なのです。交際の意味はありません」

「先方は、情報提供業ではありません。契約書はあるのですか」

「この業界は、情報を処理して、そのノウハウを提供しているのですから、ある意味すべてが、全社が、情報提供業です。ですから契約書は作成していません」

調査官の考えが古いといえます。調査官は、情報の提供イコール不動産業と思っているのでしょう。時代の流れとともに、情報提供の内容や手段が変化していますので、不動産仲介業の口利きと同列に扱うことはできません。社長が言うように、業界全体が情報業等の実態を表しています。

「アポロ77の法人の登記簿謄本です。これには、目的として「ITに関する情報の提供業」が含まれています」

調査官は、紹介料を交際費にしたがりますが、業界の実際を理解していないと、井の中の蛙のようなことになります。

3

費途不明金と使途秘匿金の違いは？

税法用語は難しいと言われますが「使途不明金」もその１つです。

使途、すなわち、使い途が不明な金、ということですが、実は、「使途不明金」と「費途不明金」という２つの用語が使われていて、両者の区分は明確ではありません。使途も費途も同じように思えるのですが、両者には使い分けがあります。

税法が一般的に使っているのは、「費途不明」です。使い途でなく、使った理由が分からないという意味です。仕入は仕入、消耗品費は消耗品費、交通費は交通費として、費途が分かりますから、費途が分からないのは、交際費等ということになります。

通達には、「費途不明の交際費等」として出てきます。使途不明ではありません。

支払われた事実や支払先は分かるのですが、何のために支払ったのかが分からない費用を「費途不明の交際費」と呼ぶのです。法人の業務遂行に関係のない支出、つまり、費途が分からない費用は損金に経理することができないと規定されています。

大津商会は、住宅の建売販売を主たる業とする企業。不動産業者をはじめとして、土木業者、建築業者、測量業者、融資関連業者、登記関連業者、そして、農業委員会や都市計画などの官公庁との付き合いがあります。

費途不明の交際費は当然経費で落ちません

「交際費に、2万円とか3万円という整った金額の支払がありますが、これはどのような目的で支払ったのでしょうか」調査官は、端数の付かない少額の交際費に着目して、こう質問します。

「潤滑油のようなものです。土地測量の際には隣地の人の立会が必要ですから、その謝礼だったり、建築中の諸々のトラブル削減のための挨拶料だったりします」社長が答えます。

「なぜ交際費なのですか」

「近隣対策費とすればよかったのですか」

「近隣の人との交際というのは不自然です」

「近隣対策費でいいのなら、交際費の損金不算入の計算から外れるので、助かります」

「そうではなく、これは、費途不明金ですから、損金不算入となります」

「支払先は記録してありますから、費途は明らかです」

「領収書がありません」

「会社を休んで立ち会ってくれた人から領収書はもらえません。領収書をもらったら、逆効果になります。そのために、現場主任と担当部長と私とで、支払の確認をして、その書類を残しています」

「内部の書類だけでは支払を確認できません」

「このような費用が必要なのは、この業界では常識です。それを認めないというのですか。疑うのでしたら、これら近隣の人に聞いてみて下さい。住所も名前も、きちんと記録してありますから」

調査官の指摘は強引です。費途不明金は、支払の目的が分からない場合に、損金に算入しないと定めているのであって、領収書の有無でそれが決まるのではありません。

大津商会では、現場主任と担当部長と社長とが支払を確認していますので、支払の事実は確認できますし、土地測量の立会や工事中の迷惑料といった費途も分かりますから、これらの支払を「費途不明の交際費」として扱うことはできません。

「杉本商事へ、30万円ずつ、毎月のように支払がありますが、これはどういった内容のものでしょうか」

「様々な場面でアドバイスをもらっています。この業界に色々な人脈を持っている人です」

「手数料とか顧問料とは違うのですね。なぜ、交際費なのですか」

「具体的にこれという仕事を依頼しているわけではないので、交際費にしました」

「なぜ30万円なのですか。なぜ毎月の支払があるのですか」

「用事がある時だけ頼むというのは気が引けますので、少額ながら、毎月支払っています」

「30万円ですから、少額ではありません。30万円の根拠はなんですか」

「ですから、色々なアドバイスをもらっていますし、色々な人脈から適切な人の紹介を受けています」

「領収書は杉本商事となっていますので、個人ですね」

「確定申告はしています。間違いないです。ですから、架空の支払ではありません」

調査官は架空の支払を疑っているのではありません。大津商会にとって必要な支払（費途）であるのか否かをチェックしているのですが、社長のこの一言でおおよその見当が付きます。税法用語で言うところの「特殊関係人」、平たく言うと愛人への支払なのでしょう。

支払先（使途）が明らかであっても、支払の理由（費途）が明らかでないものは、損金に算入することはできません。

使途秘匿金は使途を開示できれば経費で落ちる？

「支払手数料の中に、開発許可に関する手数料という支払がありますが、これはどういった内容のものですか」

「市の開発許可をもらうのに要した手数料です」

「100万円と高額ですが、元帳に支払先が書かれておらず、領収書もありません」

「私の責任で支出しました」

「経理は、社長の一存で何とでもなるのですか」

「そういうことではありませんが、経理担当には知られない方がいいのではないかと思いましたので、領収書なしとしました」

「実際には、領収書はあるのですか」

「開発許可で、それを早めに出してもらうために支払った費用ですので、領収書はありません。もらえるものではありません」

「賄賂《わいろ》ということですね」

「これも潤滑油です」

「使途が秘匿されていますので、これは使途秘匿金として扱います」

使途秘匿、文字どおり、使い途を明らかにできない支出のことですから、当然に損金に算入することはできません。使途が分からなければ損金性の判断ができないということです。使途秘匿金がある場合には、通常の法人税に加えて、使途秘匿金の40％を課税することになっています。仮に法人の課税所得がマイナスであっても、この40％は課税徴収され、重加算税の賦課対象にもなります。

40％の税率については、受け取った側の税金も負担させるという意味がある、とも言われていますが、政治家や役人に対する支払への制裁と考えるのが一般的です。

社長は、経理担当には知られない方がいいと思った、と言っていましたが、このような賄賂ではなく、会社合併とか株式上場という極秘の処理を隠すために、経理担当には何も知らせずに手数料を支払うことはあります。

原則として、帳簿等に支払先等の記載がない場合には、使途秘匿金となるのですが、このような特別の事情があって帳簿等に記載できなかった場合には、調査の段階で事情を説明して、それらの支払先等を開示すれば、使途秘匿金の扱いはなくなります。

4

寄附金って？

寄附金には損金に算入できる限度額が設けられています。それは、限度額を設けないと、「納税をするより寄附をした方が喜ばれる」という理由から際限なく法人の経費が使われて、適切な課税ができなくなるからです。
当然ながら、寄附する相手方が国や地方公共団体であるなら、納税したことと同じことになりますから、国や地方公共団体に対する寄附金の額については、損金算入の限度額は設けられていません。ふるさと納税などは、むしろ優遇されている面もあります。
一方、一般の寄附金には損金算入の限度額があって、
〔資本金等の額×1000分の2.5＋所得の金額×100分の2.5〕×４分の１
となります。
具体的には、資本金１億円、所得金額1000万円の法人ですと、12万5000円が損金算入限度額になります。

壽ランドは、スーパー銭湯や健康ランドを経営する企業。その業種ゆえに、各方面に寄附をしています。

寄附金が交際費になっちゃう？

「ひかり老人ホームへ車椅子10台の寄附がありますが、ひかり老人ホームとはどのような関係があるのですか」調査官が尋ねます。

「資本関係も、人事関係も交流はありません。単に隣の施設なのですが、設備のリニューアル資金の寄附を募っていましたので、車椅子を寄附しました」経理部長が答えます。

「隣組なので、寄附をしたということですね」

「そのとおりです」

「隣の老人ホームから、当健康ランドへ入浴に来る客はどのくらいいるのですか」調査官は、「来る客はいるのですか」とは聞かずに「どのくらいいるのですか」と、踏み込んで尋ねます。「いません」という答を封じるためです。

「元気な方が、十数人、週に何回か来ます。それに、夜勤明けのスタッフが骨休めに来たりします」

「それで、車椅子を寄附したのですね」

「持ちつ持たれつ、というところです」

「そのような関係同士の贈与は、寄附金でなく交際費になります」

「交際しているつもりはありません」

「ひかり老人ホームから客が来ているではありませんか」

「当社からは、だれ一人、ひかり老人ホームには行っていませんので、交際費ではありません。言わば一方通行ですから、寄附金です」

「交際費にも一方通行があります。会食やゴルフでは相互に顔を合わせますが、中元や歳暮では一方通行であることが多いです」


調査官は交際費だと言い、経理部長は寄附金だと言っています。寄附金で経理するのが得なのか、交際費で経理するのが得なのか、口には出しませんが、経理部長と調査官の心の内が見えるようです。経理部長は、資本金の金額や所得金額からして、寄附金の方が得だと判断したのでしょう。

損か得かで判断をせず、寄附金なのか交際費なのかを適切に判断すべきなのですが、このような場面での判断には難しいところがあります。

仮に、ひかり老人ホームが数十キロも離れた所にあったとしたらどうでしょう。いかに健康な老人といえども、健康ランドには通って来ないでしょう。そうすると、車椅子の贈与は見返りを期待していない寄附金と判断できます。

「ひかり老人ホームが隣町にあったとしたら、誰も来ません。ですから寄附金です」

「そうだとしたら、寄附はしなかったのではありませんか」

寄附金と交際費の区分は簡単ではありません。寄附をした人の意図は調査官には分かりませんので、外的要因で判断することになりますが、見返り（反対給付）の有無で判断するのが基本です。

災害見舞金は交際費？ 寄附金？

「災害見舞金の支払がありますが、支払先とはどんな関係ですか」

「先方は燃料店です。風呂のボイラーの燃料を納めてもらっている店です。台風の際の土砂崩れで社屋がつぶされてしまいましたので、一日も早く復旧してもらわないと当社にも大きな影響が出ますので、見舞金を出しました」

「見舞金ですので、交際費もしくは寄附金に該当するものと判断します」

「交際の意味はありません。助け合いですよ」

「助け合いと言いましても、支払先は得意先、仕入先ですから、交際費です」

「交際費には、〝よろしく〟という意味合いがありますが、今回はそれがありません。早く立ち直って欲しいと願うだけでした。そうしないと、うちも困るので」

「そうであれば、寄附金です」

「寄附金ですかねぇ……。これは、義援金です。苦しい人への支援です」

法人が、仕入先や得意先の慶弔禍福に際して支払った金品等の費用は、接待、供応、慰安、贈答などに類する行為ですから、交際費になります。ただし、災害見舞金については、取引関係の維持、回復を目的として支払われたのであるなら、交際費にはなりません。

また、この場合、支払先が取引先ですから、支援の範囲で寄附金にも該当しません。

仮払経理した寄附金って？

「仮払金の中に、谷川大学への寄附金がありますが、なぜ、仮払なのですか」

「新年度からの校舎整備資金ということですから、学校の年度に合わせて、私どもも寄附金処理しました」

「寄附の受付期間内ではなかったということですか」

「受付は、3月31日まででしたが、校舎の整備が始まるのは、新年度ですから、前払費用と同じように、仮払としました」

「寄附金の仮払というのはありません。支払った時の寄附金となります」

「実際に寄附金が使われるのは来年度ですから、仮払だと思います」

「寄附金を受け取った側の経理は関係ありません。寄附をいつしたのかということです」

寄附金の仮払を認めると、課税所得金額をコントロールできることになりますし、寄附金の損金算入限度額の悪用にもつながりますので、支払った時に寄附金として経理しなければなりません。

もちろん、未払金として寄附金を計上することもできません。実際に支払った時の寄附金となります

個人が負担すべき寄附金

「ところで、壽ランドの社長は、谷川大学のご出身ではありませんか」

「たしか、そのように聞いています」

「出身の大学ということですから、この寄附金は社長個人が支払うべきものだったのではありませんか」

「たまたま、寄附した先が出身大学だっただけです」

「どのような経緯で寄附をすることになったのですか」

「大学から案内があったと聞いています」

「その案内書を出して下さい」

「さて、そのような案内書があったのかどうか……」

「寄附金を振り込む銀行名や口座番号などが書かれているはずです。それがなければ、振込はできないですから」言われてみればそのとおりです。経理部長は請求書綴《つづ》りに綴《と》じられている案内書を出します。

「この案内書には『卒業生の皆様へ』とあります。書類のどこを見ても、第三者や企業からの寄附を受け付けるとは書かれていません。振込の控えを出して下さい」

「卒業生かどうか確認ができなくなりますので、振込名義は社長個人にしました。しかし、寄附をしたのは、壽ランドという法人です」

　経理部長は先回りして答えたつもりですが、大きく的を外しています。

「個人が支払うべき寄附を会社が負担していますので、これは社長の給与として扱います」

　個人が負担すべき費用を会社が負担すれば、寄附金に限らず、負担すべき人への給与として扱われます。個人が支払うべき飲食代や旅行費用を会社が支払えば、それは当然に負担すべき人への給与となるのですが、なぜか寄附金に関しては、法人税の通達で、「負担すべき者に対する給与とする」と定めています。

手形やクレジットカードで支払った寄附金

「クレジットカードで支払った寄附金がありますが、この寄附金の引落しはいつでしたか」

「決算期をまたいで、翌期に落ちています」

「寄附金は実際に支払った時に経理しなければいけません」

「クレジットですから、支払は済んでいます」

「引落し、すなわち実際の支払は済んでいません」

「領収書も、クレジット払いの日でもらっています」

「手形で支払った場合も、同じようにその日で領収書が発行されますが、寄附金として経理できるのは手形が落ちた日です」

「手形と一緒にしないで下さい。時代が違います。今はクレジットの時代です」

寄附金の「支払」とは、その寄附金を現実に支払ったことをいいますので、手形の振出しやクレジットのサインは、現実の支払には該当しません。寄附金の損金算入限度額の悪用を防ぐための規定があります。

5

現況調査は税務調査の常道？

「現況調査」という用語はありますが、「現況調査」という調査方法はありません。

これから調査をする法人の概要を聞き取ることなど、本調査に入る前に会社の様子を聞き取ることを概況調査といい、実際に会社内を見て回ることを現況調査といいます。

端的に言えば、調査対象の法人がどんな仕事をしているのかが分からなければ、調査のしようがありませんから、それを聞き取るのです。

もちろん、署内の書類で、調査する法人の業種や売上などの数字は分かりますから、「製造業なのですか？　それともサービス業なのですか？」という質問は出ません。

製造業であれば、下請けなのか、下請けであるなら、親会社はどこなのか、二次下請けなのか三次なのか、親会社からの派遣はあるのか、などを聞き取って、その後の調査に結び付けるのです。そして、受注から納品までの流れを聞き取り、受注の際や納品の際に作成される書類に関して聞き取ります。これらの書類の有無は、売上の調査に大きく影響するからです。

品川工業は自動車部品を製造する企業。調査官は工場の案内に先立ち、敷地から見せて欲しいと申し出ます。工場の敷地は、工場内に比べると見るべき所は少ないですが、調査官には調査官なりの考えがあります。

原材料や加工前の部品を持ち込んでくる車両が来ているかもしれません。来ているなら、その車体に書かれた社名をチェックします。完成品を積み出す車があれば、自社の車なのか、納品先の車なのか、運送業者なのか、見れば分かります。

駐車場に止まっている車両は誰の?

「ここは社員の駐車場ですね。社長の車はどれですか?」

調査官は駐車場に止まっている車を見ながら、こう聞きます。

「社長の車はあれです」経理部長が指を差します。

「経理部長の車はどれですか?」

「私は近くなので、自転車で通勤しています」

「ところで、駐車場にあった車両ですが……」事務室に戻った調査官はこう切り出します。

「社員の数よりかなり多い台数が止まっていましたが、何か理由があるのですか?」

「そうでしょうか、あれは社員の車です。社有車も5台ありますので」

「経理部長のように自転車通勤している人もいますから、社員の数を上回る車が止まっているのは理解できません」

「そう言われましても……」

「その上、駐車区画には、佐藤様、山田様、などという札が立っているところがありました。外部の人に貸し出しているのではありませんか」

「……それは、品川会が貸しているので、当社とは関係がありません」経理部長は、そこまで見ていたのなら言い訳はできない、と観念します。

「品川会とは何ですか？」

「社員の親睦団体です。冠婚葬祭とか社員旅行とか忘年会とかの費用を互助する会です」

「会社の敷地ですから、互助会の収入にはならないでしょう」

調査官は『互助会の収入にはならない』と言い切っていいところを、こう言って、経理部長の様子を見ます。

「駐車場の賃貸契約は品川会が結んでいますし、駐車場の管理も社員がしています」

案の定、独特な言い訳が返ってきます。

「品川会と会社は、土地の賃貸契約を結んでいて、地代のやり取りはあるのですか。ありませんね。駐車場を貸す権限のない互助会が契約を結んでいますから、それをもって互助会の収入とすることはできません。また、外部へ貸している区画は社員の駐車区画と変わるところはありませんから、互助会が特別の管理をしているとは思えません」

「そうかもしれませんが、品川会へ入ったお金については、当社は関与できませんから、駐車料金といえども、当社のものではなくなっています」

「品川会、すなわち互助会の収入とすることが間違っています。これは、品川工業の駐車料収入です」

「当社の収入であるとしても、現実には品川会に入っていますので、一旦会社に入った駐車料相当額が品川会に支払われたと見ることができると思います。つまり、会社の収入はプラスになりますが、それと同額の支出が増加して、プラスマイナス・ゼロです」

調査官の指摘はそのとおりです。会社の敷地の一部を貸したのですから、その賃料収入は会社のものです。また、互助会が駐車場の賃貸契約を結んでいるから、その収入は互助会のものである、という経理部長の主張にも一理ありますが、土地の所有者（会社）との賃貸契約がないという矛盾は消すことができません。

また、一旦会社に入ったとしても、駐車料相当額は互助会に支出されているので会社に損得はないという経理部長の主張ですが、後から、お金の流れと矛盾した経理を主張することはできません。お金の流れからすると、駐車料金相当額は、会社から互助会への貸付金となります。

会社と互助会の関係については、チェックすべきいくつかの点があります。それは、

●互助会の代表や役員を誰がしているのか

●互助会の業務運営に会社が影響力を持っているのか

●互助会の業務運営に必要な施設や備品を会社が提供しているのか

という三点です。

「品川会」という名を持つ独自の組織ではありますが、その実際は会社に管理されていて、会社の備品や設備を使用し、会社の意向で運営されているのであれば、名称の如何《いかん》にかかわらず、その互助会の収入や支出は会社に帰属するものとして扱われます。

ただし、実際の調査では、互助会のすべての収入と支出を会社に帰属させるのではなく、互助会会計にある期末の残高を会社の益金として扱います。

そして調査官は、駐車場に止まっていた社員の車をチェックしていますので、通勤手当の課税が適切になされているかをチェックします。マイカーで通勤していながら、電車やバスを利用した場合の高額な通勤手当を支給し、これを非課税扱いにしている例が少なからずあるからです。

会社の敷地にマイカーを置かせていながら、マイカー通勤だとは知らなかった、という言い訳は通用しません。また、社有車で通勤していながら、通勤手当の支給を受けている役員も、このような現況調査からあぶり出されます（117頁参照）。

社長の趣味だとすれば？

調査先の法人を訪れ、すぐに調査を開始する調査官はいません。常識的な挨拶は当然のこと、いわゆる世間話から会話を始めます。業界の景気のこと、円相場のこと、野球やテニスのことなど、社長や経理部長が興味を持つ話題を見つけながら話をしていきます。

しかし、調査に関係がないと思うのは会社側の人だけであって、当の調査官は、そのような話をしながらも、調査の糸口を探ろうとしています。

例えば、カレンダーの絵を見ながら、カレンダーに書かれている社名を確認します。カレンダーがあるということは、その会社と何らかの取引があるということなのです。カレンダーが銀行のものであれば、当然にその銀行と取引がありますし、1枚もの、6枚もの、12枚もの、によっても銀行の扱いの程度が分かります。

「このユニフォームは、サッカーでしょうか？」

調査官は壁に掛けられているスポーツ団体の写真を指差して聞きます。

「地域のサッカーチームです。私が監督をしています」と社長。

「経理部長はいないようですね」

「私は、サッカーという歳ではないですから」

「社員の方は何人かいらっしゃるのですか？」

「ここには、２人入っています」

世間話はこのようにして進んでいくのですが、調査官はポイントを外しません。サッカーチームが社員で構成されているのか、地元のチームなら、社員が何人入っているのかなどを押さえているのです。そして、この会話が後になって意味を持ってきます。

「ユニフォーム代が福利厚生費で経理されていますが、このユニフォームとは何でしょうか。作業着にしては単価が高いようですが」

品川工業は自動車部品を製造する企業で、工場内で着用する作業着は会社が支給していますが、調査官はユニフォームと記載された福利厚生費に着目したのです。

「社員の作業着です」経理部長は簡単に答えます。

「作業着は、工場消耗品費で経理されています。なぜ、福利厚生費なのですか？」

「経理担当が勘定科目を間違ったものと思います。他意はありません」

「工場消耗品費に計上されている作業着は、定期的にSMLの各10枚が購入されており、ユニフォームでなく作業着として記帳されています。また作業着の方の支払先は、川口衣料ですが、福利厚生費の方のユニフォームは、『採寸20着』となっていて、単価も大きく違い、支払先は山本縫製となっています。この違いは何ですか?」

「それは……」経理部長は言葉を詰まらせます。

最初の雑談の時、調査官は社長が監督をしている地元のサッカーチームのことを聞いていますし、そのチームには当社の社員は2名しかいないこともつかまれていますので、福利厚生費として押し通すことはできません。

「それは、広告宣伝費です。サッカーチームのユニフォームですから」と社長。

「広告宣伝費ですか。なるほど」

調査官は、社長がサッカーチームのユニフォームであることを認め、工場内の作業着であるのか、それともスポーツのユニフォームであるのかの確認作業をしないで済むことになったので、そこまでを一区切りとするために、こう言います。

「広告宣伝費ということは、ユニフォームに品川工業の社名が入っていますよね」調査官は壁に貼られたサッカーチームの写真を指差しながら質問します。

「社名は入っていませんが、当社の宣伝になることは間違いありません」

「ユニフォームに社名がなければ、誰がスポンサーなのか、分からないでしょ」

「この地元チームのユニフォームに社名を入れたら、チームを私物化したと言われますから、それはできないですよ」

「品川工業以外に資金などを提供する法人はあるのですか？」

「同好者の集まりですから、スポンサーはいません」

「なぜ、ユニフォームを寄附されたのですか」

「それは、私が監督をしているからです」

「社長が作ったチームなのですか？」

「まあ、地域のために音頭取りはしましたがね」

サッカーチームのユニフォーム代を支払う時、何のために、なぜ、支払うのかという検討をしていれば、このような中途半端なことにはなりません。

社員の健康や交流のために社員を集めて作ったチームであるなら、そのユニフォーム代は、ユニフォームに社名があろうがなかろうが、福利厚生費になります。

一方、社長が言うように、広告宣伝費という考えもあります。地元のサッカーチームのユニフォームに広告を載せて、会社を宣伝するということはあります。若い人に人気のあるサッカーのユニフォームに社名を出せば、社員募集の広告以上に効果があるでしょう。

しかし、品川工業のように、社長が監督をしているという理由で、地元のサッカーチームにユニフォームを提供する費用は、法人の費用とみることはできません。

社長が、「ユニフォームに社名を入れると私物化したと思われる」と言っているように、品川工業とサッカーチームに深い関係は見られませんので、このユニフォームの費用は、社長個人が支払うべき費用を法人が支出したもの、すなわち、ユニフォームの作成費用相当額は社長への不定期の臨時給与として損金不算入になります。

「ユニフォームに社名を入れておけばよかったんですね……」経理部長は呟《つぶや》きます。

経理部長はこうしてユニフォームのことを反省するのですが、調査官はすでに別のことを考えています。

遠征試合があった日には、マイクロバスなどの賃料が支払われているかもしれない、シーズン初めや終了時には、サッカーチームの懇親会が開かれ、その費用が支払われているかもしれない、との調査官的発想です。

調査の糸口は壁の写真で、そこからユニフォームの費用をチェックしたのですが、公私混同的な経理がなされていると判断すると、調査官は、サッカーチームの運営に関連のある項目へと調査を進めていくことになります。

6

当日在庫が現況調査のカギ？

在庫とは、企業が保有する販売用の商品や、加工のための原材料をいいます。

会計用語の棚卸資産とほぼ同意義で、「在庫」という文字から、倉庫に入れられている物、すなわち倉庫で保管している物、と捉えられることがありますが、店頭に並んでいる商品も、倉庫から店頭へ移送中の商品も、在庫となります。

現況調査では、調査に行ったその日の在庫をチェックすることがあります。これを、当日在庫とか現在在庫と呼びます。税務調査がなされるのは、申告期限から数カ月後ですので、決算書に記載された在庫と当日在庫は一致しませんから、当日在庫の調査は意味をなさないように思われがちですが、業種によっては有効な調査手段となります。

例えば、年間に何万本という数が取引される乾電池の店頭在庫300本から決算書に記載された在庫の判断はつきませんが、自動車販売店の店頭にある自動車の在庫を調べ、仕入と売上による加算減算をすると、前期末の在庫金額の可否が分かります。

川崎家具は高級家具を専門に扱う企業。調査官は開店前の店内と倉庫を見せて欲しいと頼みます。

店内をゆっくり見てもらえば、それだけ調査の時間が短くなるから、それに越したことはないと、経理部長は喜んで店内を案内します。

当日在庫と当期の商品の動きから前期末在庫を算出

「家具メーカーから委託されて展示している家具はありますか?」

調査官は、店内のすべてが川崎家具の在庫なのか、それともメーカーの委託品が混在しているのか、最初に聞き取ります。

「販売実績のない後発のメーカーの物は、委託で置いています」

「委託品かどうかは、どこで分かるのですか?」

「正札が薄青いのが委託品です。当社の仕入商品は白い正札になっています」

「店頭だけでなく、倉庫にも同じ商品がある物は、どこで分かりますか?」

「店頭品だけの場合は、正札の上に赤い線が引かれます。現品限り、あるいは取り寄せになるという意味で、店員が心得ています」

このような質問をしながら、調査官は店内を回り、いくつかの家具の商品番号をメモしていきます。メモしていく家具は大型商品がほとんどです。傘立てやランドセルなど、小さな商品の販売点数を追うのは、数が多くて大変だからです。

事務室へ戻ると、調査官は、当期（現在進行期）の仕入伝票と売上伝票を出すよう、求めます。

「当期のですか……」経理部長は調査官の意図することが分からずに聞き返します。

今期の仕入伝票や売上伝票を調査しても、申告した決算期の所得金額の可否は分からないだろうと思うからです。

ですが、小学生の算数の問題に、こんなのがあります。

始発のバス停から一つ目の停留所で、二人が乗りました

次の停留所では、二人が降り、一人が乗りました

そして、次の停留所に着いた時、バスの中には、乗客が四人いました

始発のバス停で乗っていたのは何人でしょう

調査官がやろうとしているのは、これです。

これを算式にしますと、始発の停留所で乗った人の数をXとすると

$$X + 2 - 2 + 1 = 4$$

となり、X（始発時に乗ったの）は3（人）となります。

つまり、バスが動き出した後、すなわち、新しい決算期がスタートした後でも、前期末にあった在庫を逆算できるのです。

調査官は、店頭にあった大型の家具の動きを、このバス停での乗り降りのように、仕入伝票と売上伝票から追っていくのです。

これは単なる数字の加算と減算ですから、大型家具でなければいけないということではありませんが、通勤電車のように、251人が降りて276人が乗り、次の駅では368人が降りて……と、日々の取引が多くなると、見落としなどで誤差が生じるといけませんので、動きの少ない大型家具に絞るのです。

仮に、決算書に載っている在庫が5として、新しい決算期でその家具の仕入や売上の動きがないとすれば、現在の在庫も5のはずですから、現在の在庫と仕入と売上の数を調べれば、前期末の在庫金額の可否が分かるのです。

「MR1365Wという応接セットですが、本日の在庫は現品限りの1セットで、当期の仕入と売上は1セットずつですので、前期末には、1セットの在庫があったものと思われます」調査官は、在庫の数字に誤りがあるとは言わずに、こう言います。

「それは、確か……委託の応接セットだと思います」

「委託品は正札が薄青色になっていると、先ほどうかがいました。この応接セットの正札は白色です」調査官は外堀を埋めるようにやんわりと返します。

「在庫調べの時に落としたのかもしれません」経理部長は言い訳に転じます。

「応接セットという大きな物です。しかも、売値は150万円です。見落とすとは考えられません」

棚卸の原票がなければ「故意」と判断される？

「実際に在庫調べをした時の原票を出して下さい」

商品の在庫調べ（棚卸）は、売場の片端から漏れのないように調べていくのが普通で、その際には、商品名と数量を手書きで記しているので、必ず棚卸の原票は作成されます。

「さあて、原票は残っていないかもしれません」

在庫金額で売上原価を調整（過大に）していれば、必ずこのような答を返します。原票を見られると売上原価を膨らませたことが分かってしまうからです。

世間では、リストラの一環として、在庫減らしが叫ばれていますが、ここでいう在庫減らしとはまったく異なります。企業が抱えている在庫を減らせば、倉庫代は助かり、在庫で寝かせている資金も助かりますが、決算上の在庫減らしは、数字上の在庫を減らして売上原価を膨らます行為ですから、リストラとは全く関係がありません。

「棚卸の原票がないということは、故意に売上原価を調整したものと考えます」

調査官は突き放したように言います。

決算書上の利益を減額しようとする場合、真っ先に考えられるのが在庫の圧縮です。売上帳も仕入帳も経費帳もいじることなく、在庫という数字を減らすことで利益を減額できるからです。

もちろん、それを一番知っているのは、調査官です。

そして調査官は、在庫の数字をいじりやすい業種を心得ています。

仮に、建売業者が、５棟のうちの２棟の在庫を落としたとするなら、土地の分割の図面などからすぐに分かってしまいますし、単価の小さい商品を多量に扱うスーパーマーケットなどでは、単価３００円の在庫商品を１００個落としたとしても、それでは大した金額にならないことを知っているからです。

つまり、家具店、家電店、自動車販売店などの調査では、現在在庫の調査がなされます。

7

売上の調査は原始記録がなくてはダメ？

調査官は、企業に残されている原始記録の確認に重きを置きます。

例えば、仕入帳に記載された「山下商事・10万円」より、納品書にある山下商事の「Ａ３判・バインダー50冊」の方が、仕入の内容が明らかに分かるからです。

山下商事が、社長が使うゴルフクラブを扱う商店だとしますと、「山下商事・10万円」では、仕入であることも確認できませんが、「サンドウエッジ１本」という納品伝票を見れば、一目瞭然、何もかもが分かるのです。

これは、仕入に限ったことではありません。売上も経費も同様です。売上帳や経費帳に記載された事項だけでは、その内容が分かりませんから、調査官は売上や諸経費の請求書などの原始記録の提示を求めます。

調査を受ける企業としては、これらの原始記録の保管に多額の費用を要しますので、できることなら保管をしたくないのが本音でしょうが、原始記録の有無は調査官の心証を大きく変化させます。

「スペインバルＴＯＫＹＯ」は昼夜営業する飲食店。「スキヤキ」はＰＯＳシステムを使用するレストラン。「呑んだ暮」は夜だけ夫婦二人で営む小料理屋。この３軒で原始記録の大切さを確認してみましょう。

売上・テーブル伝票の場合——スペインバルＴＯＫＹＯにて

「売上の分かる書類を出して下さい」調査官にこう言われて、経理部長は売上帳を差し出しました。

「これは売上帳です。これでなく、売上帳に記載する数字の基礎となった書類を見たいのですが、ありますよね」調査官は具体的な書類の名を言わず、「ありますよね」を強調します。

店によって、それらの書類の名称が異なりますから、「テーブル伝票を出して下さい」と言うと、「当店にはありません」という答が返ってくることがよくあるからです。

飲食店には様々な営業形態がありますから、売上の原始記録も様々になります。

接客係が客のテーブルで注文の品を書き、後に支払をする時にレジに持っていく伝票のことを、一般にはテーブル伝票と呼ぶのですが、店によっては、顧客伝票と呼んだり、注文伝票と呼んだり、様々です。

このテーブル伝票が、原始記録です。売上帳よりも信憑性が高いのが原始記録ですから、調査官は必ず、原始記録の提示を求めます。

「番号が飛んでいるところがありますが、飛んでいる番号の伝票はどうされましたか」

テーブル伝票には連続の番号が打たれているのが一般的です。店員が売上金をレジに入れないで自分のポケットに入れてしまうことを防ぐためです。

しかし調査官は、テーブル伝票の番号が続いていないことイコール、売上の除外ではないかと疑います。売上から除外した伝票を処分しなければ、売上除外がすぐに分かってしまいますから、伝票の番号が飛ぶところがあるのです。

経営者は店員の不正防止のために連続番号を打つのですが、税務調査の場面では、連続番号から経営者の不正が出てくることになります。

「書き損じなどがありますので、必ずしも番号は連続しません」経理部長はこう答えてはみたものの、「何のための連続番号なのか」を問われたら答えようがないと気づきます。

「書き損じは書き損じとして伝票を残しておかなければ、売上の管理にはならないではありませんか」調査官の指摘のとおりです。

なかには、1週間の来客数をカウントしたいので、週初めは1番から始めています、という店もあります。なるほど、と思わせる伝票の使い方ですが、伝票の使用枚数と来客数は一致しませんので、このような伝票の使い方をする店は決して多くありません。

そして、このような店に限って、週末の売上が大きく落ちたりします。週初めは1番から使用するために、未使用の伝票は処分するのですが、その時に、使用した伝票も処分して売上を減らそうとすれば、連番の後ろから処分するので週末の売上が激減するのです。

一連番号を打った伝票は、一連番号順に保管しなければ意味がありませんし、調査官に疑われる結果になります。

「1カ月に1枚程度なら客が持ち帰ることも考えられますが、1日に3枚もの伝票がないのは、売上の除外と考えます。伝票1枚当たりの平均的な売上が除外されたものとして扱います」調査官にこう言われると、反論の道がなくなります。正しく使用してこその一連番号です。

売上・POSシステムの場合――スキヤキにて

POS(販売時点情報管理)システムは、コンビニやスーパーで商品のバーコードを読み取って売上を集計し、商品を販売した時点での数量や単価などの情報を管理するシステムです。データがその後の仕入や売価設定の決め手となるため、急速に普及しました。

飲食店などで、店員が端末を操作して客の注文を取るのも、POSシステムの一種です。

「売上の分かる書類を出して下さい」調査官はＰＯＳシステムを採用している店でもこう要求します。

「当社はＰＯＳシステムを採用していますので、テーブルでの注文がレジの売上金額に連動していますので、特にレジの記録以外の書類はありません」経理部長は売上金額が正確であることを強調します。

「それでは、レジペーパー、レジの記録から見せて下さい」調査官はこう言ってレジの記録を見始めるのですが、すぐに、

「このレジの記録は、単にレジでの売上を打ち出しただけですね。売上金額をチェックした様子がありません」

「ですから、申し上げましたように、当社はＰＯＳシステムを採用していますので、売上金額は正確です。レジの金額とＰＯＳシステムの金額を合わせることはしていません」

「ＰＯＳシステムのことは分かりますが、レジの中にあった現金がＰＯＳシステムの集計した金額に合っているのか、チェックをしているはずです。どのようにしているのですか」

調査官は、レジの中の現金と売上金額が一致しているかのチェックは必ず行われるので、こう聞きます。

「ＰＯＳシステムですから……」

「ＰＯＳシステムだからこそ、売上金のチェックをするのではありませんか。売上金のチェックをしない店はありません。一日の終わりに現金残高を数えているはずです。その書類を出して下さい」

ＰＯＳシステムの集計金額とレジの中の売上金額が一致するのは、釣り銭などのやり取りが間違いなくなされた場合です。そして、従業員の不正がない場合です。

したがって、レジの中の現金を数え、開店時に入れていた釣り銭を差し引くと、本日の売上金額が出てきますので、これと、ＰＯＳシステムの集計した売上金額を付き合わせる作業がなされます。もし金額が一致しない場合には、釣り銭を間違ったのか、客から預かったお札を読み間違ったのか、その原因を究明します。これをしなければ、従業員の士気に影響しますし、従業員の不正を防ぐこともできません。

普通は、レジペーパーの一番上に、現金のチェック表が付いています。本日の売上高を会社に報告するとともに、現金の過不足理由も報告するからで、そこには店長など売上金管理の責任者のサインがなされています。

「そうは言われましても、ないものはないんです……」経理部長は逃げ切りを図りますが、そう簡単には逃げられません。

調査官は、第一に、レジの二度締めを疑います。仮に深夜12時閉店の店だとすると、２

時間前の10時に一旦レジを締めて、売上高を集計するという脱税の手口があるからです。調査官が言うような現金在り高のチェックは閉店後にしますので、10時の時点では単なる途中集計なので、そのようなチェック表がないのです。

「実は、何回か店に通っていまして、午後10時に一旦レジを締めているのを確認していま す。しかも、このPOSシステムの出力データには、出力した時間が印字されています。閉店は深夜12時でしたね」

商取引には原始記録が残ります。原始記録がないはずはありません。原始記録がないということは、故意に何らかの操作がなされたということでもあります。

原始伝票が怪しいどんぶり勘定の店——呑んだ暮にて

テーブル伝票なしでやっているお店は、どうやって客の飲食をチェックするのか心配になりますが、その多くは、お任せの料理屋や寿司屋です。

客の注文を一つひとつ書き留めるのではなく、お一人様いくら、として客を受け入れる店です。一人座れば5000円とか10000円といった具合です。こうなると、調査官はお手上げです。原始記録を出して欲しいと言っても、それがないのです。

「売上計上の基礎となる資料を出して下さい」調査官の手法は変わりません。

「当店はお任せの店ですので、閉店時にレジを締めた時のレジペーパーだけです」

「客の人数をチェックしていないのですか」

「売上金額から客数はおおよそ分かりますが、客の数は経営上大きな問題ではありません」

「おおよそ、と言いますのは？　お任せで、客の単価は決まっているのではありませんか」

「飲み物代は別ですから」

「なるほど、飲み物は控えているということですね」

「……」

「飲み物のチェックはどんな様式でされているのですか。それを見せて下さい」

調査官は「ありますか」とは聞かない、あるかないか分からなくても「見せて下さい」とか「出して下さい」と言って、その書類を出させます。

最初から「ありますか」と聞けば、「ありません」と逃げられてしまいますので、外堀を埋めてからこう聞くのです。飲み物の数が分かれば、客の数もかなりの精度で計算することができます。

しかし、呑んだ暮には、この飲み物の控えも何もないのです。

ビールの数もお銚子の本数も、女将さんの頭の中に入っていて、その明朗会計で支払を受ける店なのです。このような店については、調査官は粘り強い調査をします。

「昼間はお店が開いていないので、こんな時間に来ました」調査官は、客席のテーブルに腰を掛けるとこう切り出します。

「5時には店を開けなければならないんです。今日の調査は勘弁して下さいよ」

「開店前で忙しいことは、もちろん承知しています」

「だったら、日を改めてくれないかな」経営者はカウンター越しにこう言います。

「時間はとらせません。ここ1週間の売上金額を書いた物を見せていただければ、すぐに帰ります。売上は記録していますよね」

「ありますよね」「記録していますよね」と言うのは、調査官の決まり文句です。

「忙しくて、売上帳は付けておりません」

「どこまで付けてあるのですか。付けてあるだけで結構ですから、それを見せて下さい」

「……いや、実は、まったく付けていないんですよ」

「付けてなければ、確定申告ができないでしょ。何かに売上をメモしているはずでしょ。それを出して下さい」

「ですから、もうすぐ開店時間ですから、明日にして下さい」

「ここ1週間の売上の記録を見せていただければそれでいいのです。お客さんが入ってからこのような会話をしたくありませんので、ご協力下さい」

調査官は、開店しても帰らないことを示して、売上のメモを出させます。どんなどんぶり勘定の店であっても、その日一日の売上金額はどこかに記録しているものです。

たとえは悪いですが、空き巣狙いが、その空き巣の記録を残していることと似ています。悪事の記録を残すのは、人間の本能なのかもしれません。

調査官は、現金のあるところ、すなわち現金商売をしているところには、脱税があるという前提で調査をします。

事前に調査をする旨の連絡をすると、昨日までの売上帳を書いて、記録はこれだけです、と言われてしまいますので、個人的規模の現金商売の店については、このように事前連絡なしで調査を開始し、しぶとく粘って売上の記録を出させるのです。最近の税務調査は事前に連絡することが一般的になってきましたが、こうした原始伝票の確認が欠かせないケースでは「無予告」でなされています。

手書きの売上メモほど信憑性の高いものはありません。最初は1週間分くらいを出してきますが、1週間分あるなら1カ月分、そして1年分はある、として、調査官はすべての記録を出させます。

●売上伝票で従業員が身内か他人か見分けられる？

一連番号を打ったテーブル伝票を使うのは、従業員の不正を防ぐためです。従業員はテーブル伝票と売上金をポケットに入れることにより、経営者に知られずに売上金をネコババすることができますので、経営者はテーブル伝票に一連番号を打って、従業員の不正を封じるのです。

ＰＯＳシステムの目的の一つもこれです。注文とレジを連動させれば、従業員の不正を防げるからです。

これらの方法は従業員監視のためにはなるのですが、同時に売上をごまかすには都合の悪い方法ともなります。売上の除外ができなくなるからです。

逆に言いますと、一連番号のあるテーブル伝票を使用していない店は、従業員の不正の心配がない店、ということができます。すなわち親族だけで経営しているなら、従業員の不正の心配は無用です。

法人税の確定申告書と一緒に提出する「法人事業概況説明書」には、「経理の状況」という記入欄があり、現金や小切手の扱い者について、代表者との関係を「親族」あるいは「他人」と記入する欄があります。

つまり、税務署も、現金を扱う現場に「他人」がいると、不正が生じることがあるので、不正防止策がそれなりに講じられている、と判断するのですが、これも逆から言いますと、「親族」で現金を扱っている企業では、売上除外などの操作がしやすい環境にあるという判断にもなります。

また、税務署に疑われやすい一連番号のないテーブル伝票をあえて使用することはないだろう、という調査官の判断も働きます。

事実、一連番号のないテーブル伝票は、いつでも好きなだけ抜き取ることができますので、売上が少ない時は少ないなりに、売上が多い時は多い時なりに、テーブル伝票を抜いては売上を除外することができます。

8

見積りと請求と売上の関係は大丈夫？

いわゆる「現金商売」には、見積書や請求書はありません。

典型的な現金商売はコンビニですが、コンビニは、現金と引換えに商品を渡していますので、そこには、見積書や請求書という売上関連の書類はありません。

見積書や請求書があるのは、建築関連の業種が主です。建築業界では、顧客から見積りの依頼があり、見積書を作成して見積りが通れば施工をして、工事代金の請求書を発行するという流れになります。

つまり税務調査では、売上が正しいものであることをチェックするには、見積書と売上、請求書と売上を比較することになります。

基本的には、これらの書類に記載された金額をチェックするのですが、決算期末近い施工については、売上の日がいつであるのかのチェックもなされます。施工が完了していながら、その売上金が入金された日に売上が計上されることがあるからです。

横浜ハウスは、住宅や店舗の内装や外装を請け負う企業。1週間ほど前に、税務署から調査の連絡があったので、経理部長は予想しうるすべてのことについて準備万端整えていました。

見積り・受注・施工・請求・集金の流れをまとめた一覧表ありますか？

「見積依頼の受付から、受注・施工・請求・集金に至るまでを一覧にした表がありますね。それを見せて下さい」

横浜ハウスの仕事の流れを聞き取った調査官は、こう要求しました。「一覧表を作っていますか」とは聞かずに、「一覧表がありますね」と言い切るのが調査官です。

どの顧客から、どのような内容の見積依頼があったのか、見積金額はいくらか、それを受注したのか。施工を終えたのはいつか、追加工事はあったのか、請求書を出し、入金したのはいつなのか、エクセルなどの表計算ソフトで管理しているはずだからです。

経理部長はためらいます。準備万端のはずだったのですが、受注の一覧表までは気が回らなかったからです。

「あると思いますので、コンピューターの中を探してみます」

「いいえ、わざわざ打ち出さなくてもいいです。部長さんがいつも使っている一覧表を見せていただければ、それで十分です」

見積りから請求書発行までの一連の流れを追っていけば、見積りがありながら売上の計上がない、請求がありながら売上の計上がない、という取引を容易につかむことができますので、調査官はこう要求するのです。

もちろん経理部長は調査官が言っていることと同じことをしているわけですから、経理部長の手元には一覧表はあるはずです。新たにプリントアウトするものは、何らかの手が加えられている可能性がありますので、調査官は経理部長が使っている一覧表の提示を求めます。

コンピューターが普及する前であれば、一冊に綴られた見積書や請求書の枚数を数えて、破り取られたものはあるか、あるとすれば何枚目で、何月何日付近なのかの見当を付けて、領収書も同じように、同じような日付付近のページが破り取られているのではないかと見ていくのですが、コンピューター化された現在では、この方法が通用する企業は少なくなっています。

見積書しか見当たらないケースは要注意

「見積書に、渡部邸改装工事がありますが、これに関して、請求やら売上の確認ができません」調査官は経理部長に質問します。

「見積書を出したものが、全部受注になることはありません。渡部邸は、見積りだけで終わったと記憶しています」

「見積書を見ますと、ステンドグラス3平方メートルとあり、そのステンドグラスと思われる物が仕入れられています」

「その仕入れたステンドグラスは、別の現場に納めていると思います」

「そうですか、それはどこの現場ですか？　そして、その請求と売上はどうなっていますか？」調査官は経理部長の回答に同意しながらも、こう言って、更なる確認をしていきます。仕入れた物はどこかの現場に納められて、売上になっているからです。

小売店の場合、仕入れた物が売れ残って在庫になっていることがありますが、内装や外装を請け負う企業では在庫を持ちませんので、仕入があれば売上がある、ということになるのです。

「確か……山本歯科にもステンドグラスを入れたと思います」

「山本歯科へ出した請求書を見せて下さい」

「山本歯科のステンドグラスは、サービスしたと記憶しています」経理部長は先回りして、請求書に載っていないことを説明します。

「ステンドグラスの仕入値は20万円で、渡部邸への見積りでは施工費込みで33万円になっています。山本歯科の工事費は、総額で２５０万円ですから、33万円のサービスは過大ではありませんか？」

「山本歯科は得意先ですので……」

「ここ5年間ほどの山本歯科への売上内容を教えて下さい」

経理部長は根拠もなく言い訳をするので、調査官に外堀を埋められてしまいます。

「しかも、山本歯科への請求書には、ステンドグラスをサービスした旨の記載がありません。サービス金額を明記してこそのサービスではないのですか」

「はあ……」

「その上、山本歯科への見積書には、ステンドグラスの項目がありません。いったい、これはどういうことなのですか？」

「それは、私の……勘違いだったかと思います……」

「どんな勘違いなのですか？　経理部長は、『ステンドグラスは山本歯科に納めた』と即答されました。なぜ、渡部邸ではないと分かるのですか」

「それも、勘違いかと……」

「勘違いするにも、原因はあります。いいえ、何らかの記憶があったから、このステンドグラスは山本歯科に納めたとおっしゃったのではありませんか」

「勘違いでした……」経理部長は、『勘違い』を繰り返しますが、すでに調査官にはその理由の見当がついています。

渡部邸は個人の住まいですので、改築をした内容についてその業者の名称や金額の資料が税務署に回る可能性が低いですし、現金で売上を集金することが可能ですので、渡部邸の売上を除外したと推測できるのです。

売上を落としても、見積書の作成が残っていれば、すぐにそれと分かります。

経理部長の言うように、受注に結び付かない見積りは幾つもありますが、調査官はそのような見積りの中から特徴のある物を選び出し、その仕入の有無をチェックして、見積りが発注されたか否かをつかむのです。

「経理部長の机の中にある一覧表を出してもらう方が早そうですね。見積りから集金までの一覧表を出して下さい」調査官は改めて要求します。

経理部長の持っている一覧表には、売上の計上を見送った「×」印が付けられている欄があるのですが、このようにして追い詰められると「ありません」「持っていません」と逃れることはできなくなります。

9

定款にない営業行為による損失は？

株式会社などの企業は、定款に事業の目的を定めて、これを登記しています。

例えば、トヨタ自動車は

　第２条 当会社は、次の事業を営むことを目的とする。

　（１）自動車の車体およびその部分品・付属品の製造販売

　（２）～（17）省略

のように定めています。

株主に何をする企業なのかを知らせるためです。

そして株主は、この定款の営業目的を見て、企業に投資をします。この営業目的であるなら安心して投資ができる、と判断するからです。

もし企業が、定款の営業目的にない営業をして、赤字を計上することがあれば、株主は定款に定めのない営業をしたとして、役員の責任を追及することになります。

愛知電機は、家電販売業を営む企業。先見の明があるといわれた二代目の愛知社長が競合他社に先駆け、すぐには家電とは判断しかねる電気自動車の販売を始めました。

社長個人の営業行為による損失の行方？

「決算書を見ますと、粗利益や在庫率に大きな変化がありますが、なにか変わったことがあったのですか」調査官は決算書の全体的な数字から質問します。

「電気自動車の販売を始めたのですが、思うようには売上が伸びませんでした。利益率が下がったのも、在庫が膨らんだのも、電気自動車の影響です」社長が答えます。

「電気自動車ですか。クリーンエネルギーでいいと思いますが、難しいのですね」調査官は相槌《あいづち》を打ちながらも、質問を続けます。

「電気自動車の販売の収支計算書は作っておられますか？」

「販売管理費の割振りが正確ではありませんが、収支計算はできています」経理部長はこう言いながら、一枚の収支計算書を調査官に手渡します。

「1500万円のマイナス、ということですね」

「時期尚早だったかもしれません」と社長。

「定款の変更をされましたか？　特に営業目的のことですが」

「営業目的の変更はしていません」

「営業目的に、電気自動車の販売は入っていないと思いますが、いかがですか」

税務署も株主と同じように、定款に定めのない営業行為をして損失を出した場合には、それは役員個人の営業行為であって法人の営業ではないから、その損失を差し引くことはできない、という考えを持っています。

「目的には入っていません……」経理部長は、そうだった、追加しておけば良かったという顔を見せました。

「目的にない営業から生じた損失は、役員個人の損失として扱います」

「当社は家電の販売業ですから、電気自動車も扱います」社長が当然だと言わんばかりに答えます。

「家電と電気自動車では違うと考えます」

「もはや、電気自動車も家電ですよ」

「自動車ですから、自動車販売の範疇《はんちゅう》だと考えます」

「杓子定規に物事を判断しないで下さい。第一、定款の目的には『前各号に付帯関連する一切の事業』というのがありますから、仮に電気自動車が家電でないとしても、付帯関連する事業に該当するはずです」

「家電でないなら、付帯関連の事業ではないと考えます」

「電気自動車の販売が黒字だったらどうなるんですか」社長の質問です。

「黒字であれば問題はありません」

「それはおかしいです。赤字はダメ、黒字ならイイというのは勝手すぎます。これは赤字黒字が問題なのではなく、定款の目的が問題なのでしょう。問題点をはっきりさせて下さい。来期は黒字になりますよ。家電屋で扱うから家電なんです」

調査官の指摘にも同意できる点はありますが、社長の主張に分がありそうです。

電気自動車は家電？

時代の流れとともに家電の範疇は異なってきます。コンピューターが何千万円もした時代に、コンピューターを家電扱いする人はいなかったでしょうが、現在この時代にあって、コンピューターは家電ではないと言いきる人はいないでしょう。

電気自動車も同じです。だれもが電気自動車を家電として扱う状況にはないと思われますが、現に、家電として扱っているのが社長です。

経理部長は、営業目的を追加しておけばよかった、という顔を見せたとおり、定款の目的を追加変更してあったなら、調査官とこのような問答をする必要はなかったのです。

定款の変更は株主総会の決議でできますので、おっくうがらずに変更の手続きをしておくのが肝要です。

取締役会決議のない社長個人の考えは無効？

「社長は、クリーンエネルギー普及協会の理事をされていますが、これは、どういった経緯で理事を引き受けられたのですか」

「娘の勤める環境団体の役員から声がかかりました。世の中の動きがそうですから、引き受けることにしました」

「娘さんの関係、なんですね」

調査官の考えが見えてきます。定款の営業目的からは否定できない、赤字黒字を理由に否定するのはむずかしい、ということで、社長個人の判断で電気自動車を扱うようになったのではないか。そうであるなら、社長個人の行為として扱おう、と考えているのです。

社長も、娘さんのことになると、口が滑らかになるようです。

「娘は、環境に関する学部を出て、今の所へ勤めましたので、親としても無視することはできなかったのです」

「つまり、社長個人の考えで、電気自動車を扱うようになったのですね」

「ま、クリーンエネルギー普及協会の理事という立場がありますからね」

「社長個人の行為で電気自動車を扱うようになったのですから、これで生じた赤字は社長個人が負担すべきものと考えます」

「ですから、電気自動車は家電です」

「電気自動車を扱うことについて、取締役会で決議をされていますか？」

「特に決議はしていません」

「販売した自動車の点検や修理はどうするのか、陸運局への届出はどうするのか、自動車保険はどうするのか、販売に先だって決めておく事項があったのではありませんか」

「そのとおりかもしれないが、家電屋で自動車が売れるとは思っていなかったから、何も考えていなかった。電気自動車を展示して売るという姿勢を示すことが目的だった……」

「社長……」経理部長が社長の話を止めますが、遅かったようです。

「社長個人の行為ということですね。取締役会の議事録もありませんから、ここで生じた赤字は社長個人のものとして扱います」

家電販売でなく、鮮魚販売店が電気自動車を扱う場合には、第一に定款の営業目的の有無だけで判断されます。『前各号に付帯関連する一切の事業』にも当てはまらないからで、業務の拡大には定款の変更が重要になります。

10

社員の水増しは簡単に見破られる？

最近、介護施設の水増し請求の報道が多くなっています。ヘルパーさんの数を水増しし、付帯の介護をしたように偽って介護保険の請求をするといいます。

一対一の介護では、必ずヘルパーさんの存在が必要ですから、色々な方法でヘルパーさんの水増しをするのですが、脱税者の人件費水増しと似ているところがあります。

介護施設の人員水増しは介護保険料を増額するのが目的で、脱税者のそれは課税利益を圧縮するのが目的ですから、似ているとは言え、その結果は180度異なるのですが、従業員を実際よりも多く使用したと見せかける基本は同じです。

また、報道によりますと、ヘルパーさんの水増しは簡単に行われ、簡単に露見したようですが、税務調査の場面でも同じです。人件費の水増しは簡単に行われがちですが、それを見破る調査も比較的簡単なのです。

荒川土木は、アルバイトが頻繁に出入りする、道路舗装等を得意とする企業。人件費の水増しが簡単に行われがちなのは、仕入や諸経費と違って、納品書や請求書などの関連帳票が不要だからです。

とはいえ、人件費に関連する帳票は、仕入や諸経費以上に存在します。

給与の計算書とタイムカードがない？

「給与の計算書を見せて下さい」調査官にこう言われ、経理部長は給与台帳と源泉徴収簿を提示するのですが、調査官はそれを開こうとせず、こう続けます。

「給与は毎月計算していますので、その時に作成してチェックの基礎となった計算書を見たいのです」

1年が過ぎ、年末調整を終えてから出力した給与台帳や源泉徴収簿では、すでに何らかの操作がなされていますので、月々の計算書を出すよう求めるのです。

「これ以外の書類はありませんが……」

「いいえ、あるはずです。少なくともタイムカードの残業時間と給与計算に入力した時間が合っていることはチェックしているはずです」

「そうですね、そのチェックはしていますが……」

「月々の計算書を出して下さい。残業時間の一覧表もあるのではありませんか」

「月々のものは量が多くなりますので、チェックした後は処分することにしています」

「そうであるなら、タイムカードを見せて下さい」タイムカードは法律で保管が定められていますので、タイムカードも処分したとは言えません。

「タイムカードのない社員がいますね」これは、給与台帳とタイムカードを付き合わせれば、すぐに判明します。

「アルバイトですから、タイムカードはありません」

「アルバイトだからこそ、タイムカードがあるのではありませんか」

「アルバイトは残業がありませんから……」

「時給計算にしても、日給計算にしても、それが分からなければ賃金の計算ができないではありませんか」経理部長もいい加減な言い訳をしたものです。調査官の言うように、アルバイトだからこそタイムカードがあるのです。タイムカードがないというのは、架空の社員だと言っているようなものです。

社会保険と雇用保険の加入は要チェック

「社会保険と雇用保険に加入している社員の一覧表を見せて下さい」

社会保険や雇用保険は、社員全員が加入しているとは限りません。労働時間の短いパートの社員は加入できないからです。ですので、給与台帳と社会保険の加入者名簿を付き合わせても、架空の社員が出てくるということにはなりません。しかし、調査官には調査官なりの考えがあります。

「社会保険と雇用保険に加入している社員は55名ですが、給与から社会保険料を控除されている社員は60名います。この差は何でしょうか?」

「新入社員で、加入の手続きを終えていない者だと思います」

「3月に、5人も入社されたのですか?」

「採れる時に採らないと、人材がいなくなりますから」

「それでは、この5人の方が社会保険に加入した時の書類を見せて下さい」

「はあ……忙しくて、まだ、手続きをしていなかったと思います」

「社会保険の手続きは経理部長の担当なのですか?」

「社会保険労務士に頼んでいますが、それを忘れました」

「この5人の社員の氏名を教えて下さい。そして、その社員のタイムカードと履歴書も出して下さい」調査官は給与台帳と社会保険加入の一覧表を付き合わせれば、社会保険未加入の社員が分かるのですが、こう要求します。

多くの場合、架空の社員に給与を支払ったことにすると、社会保険料などを控除しません。調査官は社会保険のことまではチェックしないだろう、という安易な考えがあるからです。その一方で、この企業のように、架空の社員からも社会保険料を徴収したことにすることがあります。社会保険料を控除していれば、架空社員という疑いを持たれないだろう、という考えからです。同じように、残業手当を支払ったようにして、実在の社員と同じであるように見せかける手口もあります。

「社会保険の加入を忘れたと言いますが、1年以上も未加入のままではありませんか。しかも、その後に入社した社員はすぐに加入手続きがなされています」

「はあ……社会保険に入りたくないという社員もいるのです。手取りが多い方がいいというのです」

「社会保険料を控除しているではありませんか。おっしゃっていることが矛盾しています」

「はあ……」

「タイムカードのない社員と社会保険に加入していない社員は、架空の社員と判断します。実在するというのであれば、経理部長の方からそれを立証して下さい」曖昧《あいまい》な返事を繰り返す経理部長には、調査官は強硬な姿勢を示します。

こうした架空社員の問題も２０１６年からは様変わりすると思われます。

●マイナンバー制度が始まれば、架空社員はいなくなる？

2016年1月から、マイナンバー制度（社会保障・税番号制度）が始まります。

最終的には、銀行預金の管理までマイナンバーが使われるようですが、最初は、給与の源泉徴収票や社会保険の手続きから、社員本人や扶養家族のマイナンバーが使われます。マイナンバー制度は、社会保障・税番号制度と呼ばれるように、社員の給与と社会保険と年金を連動させて、課税の公平や医療費や年金の支給に漏れがないようにするのが目的です。

そして、課税の面からしますと、架空社員の排除という大きな効果が期待できます。この経理部長のように、のらりくらり言い訳しても、マイナンバーから実在の人物であるか否か、実際の勤務先はどこなのか、瞬時にチェックすることが可能になるからです。

11

パートタイマーとアルバイトの給与は103万円まで？

パートタイマーとアルバイトはどう違うのでしょう。

かなり以前から使われている言葉ですが，両者の区分はよく分かりません。

一般的には，パートタイマーは家庭の主婦が多く，アルバイトは学生が多いという感じはありますが，実際には，主婦とか学生という区別はなく，税務の世界でも，その扱いに差はありません。

パートタイマーやアルバイトは正社員ではない，というニュアンスで捉えられていますが，正社員であれ，パートタイマーであれ，支給される賃金は給与所得であり，変わるところはありません。

ただし，パートタイマーやアルバイトは，正社員とは違って，賃金の上限という要素で問題となることがあります。

江戸弁当は、パートタイマーの出入りが多いお弁当販売店。税法の上ではパートタイマーもアルバイトも同じですので、ここでは、分けずにパートと表すことにします。

扶養家族にならないとまずい？

パートの給料が問題となるのは、夫や父親の所得税の控除対象となる配偶者・扶養家族になるのか、パート自身が所得税などを支払わなければいけないのか、ということです。まず、夫や父親の扶養家族になるのか、という点ですが、控除される扶養家族になるには、

●所得税法上の控除される配偶者・扶養家族＝年間の給与収入１０３万円以下
●健康保険上の扶養家族＝年間の収入１３０万円未満・原則
●会社の扶養手当支給の対象となる扶養家族＝それぞれの会社の規定

税金や保険、手当で別々の基準が設けられていますが、とりあえず気になるのが、所得税法上の所得税が控除される配偶者・扶養家族になるか否かです。多くの企業の扶養手当も、所得税法上の扶養家族に扶養手当を支払うとしていますので、年間収入１０３万円が第一のハードルとなります。

つまり、夫の配偶者控除を受けたい主婦、父親の会社で扶養家族手当を削られないよう

にしたいパートは、年間の収入を１０３万円以下に抑えるのです。

この年間というのは、1月から12月ですから、パートは11月頃から勤務時間を減らして年収を調整するのですが、会社側は年末を控えて少しでも多く働いて欲しいと願いますから、「休みます」、「働いて欲しい」と、相反する要求がぶつかり合います。

結局折れるのは会社側です。年収が１０３万円を超さないようにするから働いて欲しいと、パートを説得するのです。もちろんパートは、一円でも多く収入を得たいですから、この話はまとまります。

なお、平成23年分の所得税から、控除対象となる扶養家族は12月31日現在で16歳以上に限定されています。

勤務時間の先送り

年間収入が１０３万円を超す手前で、タイムカードを切りかえ、年末の分を翌年1月に支払うようにする方法です。パートへの課税漏れなどの問題が生じる上、賃金の一部を翌年に回すだけですので、翌年にはさらに大変なことになります。

調査官は、賃金の締日がずれた程度ならいいか、と見て見ぬ振りをすることがあります。

タイムカードの氏名変更

　翌年に回す程度では103万円以下にすることはできない、となると、年末のタイムカードの名前を変えることをします。パートが退職したので別のパートを雇った、ということにするのです。

「タイムカードの名前が修正液で消されて、書き直したように見えますが、何か理由があるのですか」調査官の目はごまかせません。年末になってあわてて操作をするとすぐに露見するのです。

「名前を間違っただけです」

「いずれも11月分からです。高橋直子さんが、高橋裕美さんに、山田花子さんが山田ひかりさんに、鈴木英子さんが鈴木幸子さんに、いずれも下の名だけが直されています」

　フルネームを書き換えると誰のタイムカードなのか分からなくなりますので、このように下の名前だけを変更するのですが、つまりそれは、調査官に見つけて下さいといっているようなものです。フルネームを変えたとしても、住所や電話番号がそのままだったりしますので、容易にそれと判断できるのです。

「パートの多くが10月で辞めていますね」

「パートは、103万円を超さないように、辞めてしまいます」

「そして、同じ数のパートが翌月からきちんと勤めています」

「パートがいないと、仕事になりませんから」

「一日も空けずに次のパートが集まるのですか。求人をした時の書類と新しいパートの履歴書を見せて下さい」

「……ええと……」

「そして、不思議なことに、1月になると10月に辞めたパートが一斉に戻っています」

「……はぁ……」

書類の上で体裁を整えても、調査官を欺《あざむ》くことはできません。

調査官はこのような操作が日常的に行われていることを熟知しているのです。

前述のとおり、2016年1月から、マイナンバー制が実施されます。マイナンバー制の目的の1つは、このようなパートの給与のコントロールを防ぐことです。タイムカードの名前を変えただけで別人を作り出すことはできなくなります。

商品券でパート代を支払う？

年末になってパートの名前を変えるから不審に思われるのだ、日頃からパートの給料に気を配って１０３万円を超さないように注意している必要がある。年末になってから細工をするのでボロが出るのだ……このような考えから、パートの給料のうち、２万円を商品券で支払うことにした企業がありました。

パートの給料になる商品券の代金は交際費で落とし、残りをパートの給料で支払うのです。パートの方は、現金でも商品券でも同じですし、現金で受け取る給料は１０３万円以下になって夫の扶養家族になるのですから文句は言いません。

「パートの時間給が逆算できません。なぜ、勤務時間と賃金が比例しないのですか」

「基本となる固定給があるので、比例しないと思います」

「給与明細に基本給の記載はありません。勤務時間数が書かれているだけですが、どう計算しても時間給が出てきません。時間給の分かる雇用契約書を見せて下さい」

給与明細書には勤務時間を書きながら、賃金の内の2万円を計算から除外して商品券で支払っているのですから、時間給の逆算ができるはずはありません。

「毎月の月末に計上されている商品券の交際費ですが、どこに対する交際費なのですか。当社の得意先と言えるのは、親会社の一社のみですから、毎月商品券の購入があるのは理解できません。商品券をどこへ渡したのか、そのリストを出して下さい」

毎月毎月、商品券が必要というのは不自然ですから、調査官の目に止まるのです。

12

現物給与は給与と同じに課税？

国際宇宙ステーション（ISS）が、宇宙飛行士を乗せて地球の周りを回っています。１人の飛行士の、ISSの滞在日数は200日ほどだそうですが、この200日の間には、睡眠時間もあれば、休日や休憩時間もあり、ISSに滞在する全時間が観測や研究の時間ではないようです。

そうしますと、飛行士の休日の食事代はどうなっているのか、衣服代はどうなっているのか、入浴や散髪の費用はどうなっているのでしょう？

同じように、遠洋航海をする船舶や艦船の乗組員の食事代や衣服代、クリーニング代は誰が支払っているのでしょうか。船に乗りっぱなしなら、個人的な生活費は一切かからないという羨ましい勤務なのでしょうか？

そんな羨望のまなざしを向けたら、「船の中にはパチンコ屋もカラオケもないんですよ。だから、乗船中は常時勤務しているようなものです」という返事が返ってきました。

横浜技術は業務用コンピューターのソフトウエアを開発販売する企業。多くのIT企業と同様に、勤務時間が決められているのかどうか分からないような状況になっています。

成果第一主義といいますか、成果が出てはじめてお金になる業界なので、勤務時間という考えが優先しないようです。

食事代の支給

「食事代が全社員に支給されていますが、これの計算根拠を教えて下さい」調査官は給与台帳を見ながら尋ねます。

「1日当たり1000円です」

「源泉所得税の課税対象から外されていますが、これはなぜですか」

「残業食ですから、非課税扱いにしています」

「残業手当の支給がありません」

「残業手当という名の支払はありません。この業界では、残業込みの給料になっているのが一般的です」

「残業手当の支給がありませんので、残業食としての非課税扱いはありません」

「残業手当が出ていることとイコール残業ではありません。弊社では残業分を見込んで給料を決めています。第一、タイムカードを見てもらえば、残業したことが分かります」

「食事代は一律2万円支給されています。実際の残業に連動していません」

「当たらずとも遠からずの数字です」

調査官の指摘に分がありそうですが、調査官の指摘はポイントを外しています。

それは、残業の食事代を現金で支給すると、非課税の扱いはなくなるということです。

所得税の基本通達は、「残業又は宿日直を行うときに支給する食事」、すなわち出前やコンビニ弁当などの現物を支給した場合に限って非課税と定めていますので、現金で支給した場合には非課税扱いとはなりません。

なお、深夜勤務者に夜食の提供ができないために現金で食事代の補助をする場合には、1食当たり300円（税抜き）以下の金額であれば非課税となります。

制服の支給

「福利厚生費の中に、「テーラー矢吹」という支払がありますが、これはどういった内容でしょうか」調査官は社員の制服を売るような店名ではないと考え、こう聞きます。

「それは制服です」社長が簡単に答えます。

「1着10万円ほどの単価ですが、これが制服なのですか」

「私の制服です。この業界ではTシャツなどで営業活動をする悪弊《あくへい》がありますので、弊社ではスーツにネクタイを基本としています」

「全社員がスーツなのですか」

「いいえ、外に出る私と副社長です」

「スーツが制服というのは理解できません」

「大きな船の船長は制服を着ているではありませんか。駅長も、消防署長も」

「それは、制服が必要な職場だからです」

「そうです。ですから、弊社の社長の制服はスーツとネクタイなのです」

「制服とは、警察官や守衛のように制服を着用することによって特定の職務を遂行する職員であることが判別できるものをいいます」

「それは、職業の差別ですよ」

「職業で判断するのではありません、専ら勤務場所のみにおいて着用する事務服、作業服等をいい、通勤や私用では着用しないものが制服です」

「私も、通勤時はシャツです。仕事で外へ出る時にスーツを着ています」

「例えば、医師や看護師の白衣では通勤できませんし、休日に家で着る人もいません。制服とはそういうものを指します」

調査官の指摘に間違いはありません。簡単に言えば、誰が見ても制服と認識でき、特定雇用主の従業員であることが分かるのが制服です。

社長の主張も一理ありますが、私用で着用できるものは制服にはなり得ません。

スポーツクラブの年会費

「スポーツクラブの年会費が福利厚生費で計上されていますが、この領収書を見ると社長個人の名前になっています。社長個人が会員なのですか」

「私が会員ですが、社員全員で利用しています」

「個人会員であるなら、社長への給与として扱います」

「ですから、社員全員で利用しているクラブなんです」

「なぜ法人会員にしていないのですか」

「深い意味はありません」社長個人が加入したスポーツクラブの年会費を会社が支払えば、それは社長個人の利益ですから、社長への給与として扱われます。ただし、法人会員制度がない場合には、個人会員であっても、その年会費等は福利厚生費となります。

調査官はこの点のチェックを洩《も》らしていますし、社長も個人名義とした経緯を忘れていますが、法人会員制度の有無はスポーツクラブの年会費の扱いを左右します。

もちろん、法人会員であっても、法人会員制度のないクラブであっても、スポーツクラブを利用できることが社員に周知されていなければなりません。役員や特定の社員だけが利用するクラブであるなら、その年会費や使用料は利用者の給与として扱われます。

●現物給与は役員に支給すれば二重課税される?

残業の食事代、制服の購入費、スポーツクラブの会費など（これを現物給与といいます）で、非課税扱いとならない場合には、その経済的利益の金額は、その利益を受けた役員や社員の給与として扱われます。

福利厚生費が給与として扱われるのですから、法人の損金であることには変わりないので、法人税が追徴課税されることはないのですが、利益を受けたのが役員である場合には、役員の臨時的給与、すなわち損金不算入の規定が働き、法人税が追徴課税され、役員の所得税も追徴課税されるという、二重の課税になりますので、現物給与の扱いには慎重でなければなりません。

13

出向負担金を支払っても支払わなくても寄附金？

人員整理や退職要求という意味で「リストラ」が使われますが、「再構築」というのが本来の意味です。

事業規模に合った組織に再構築するということで、その過程で人員整理がなされるので、「リストラ＝首切り」のようにいわれるようになったものです。

税務の世界で、リストラそのものが問題になることはありませんが、リストラの１つである「出向」においては、いくつかの問題点があります。

出向とは、社員が雇用された会社に在籍のまま、他の会社の業務に従事することで、派遣と似ているところがありますが、派遣は人材の代替えが可能ですから、この点で出向と派遣は異なります。

社員を別の会社へ出向させた側（出向元）にも、この社員を受け入れた側（出向先）にも、調査官の目が光ります。

半蔵門印刷は紙のみならず、電子出版も手がける最先端の出版印刷の企業。出来上がった書籍を運ぶ三茶運送を関連会社に持ち、友人が社長を務める二子玉川製本から出向者を受け入れています。

出向先での問題点

「出向料の支払がありますが、どこから、どなたを、受け入れているのですか」出向料の支払があると、調査官は必ずその内容をチェックします。

「知り合いの会社から頼まれたもので、当社で預かっています」と社長が答えます。

「預かっている？　どんな仕事をしている方ですか」

「特にこれという仕事はないです。書類整理とかをさせています」

「なぜ、出向で受け入れたのですか」

「一言で言えば、リストラの手伝いです。先方での退職に応じないので、当社へ出向させ、給与の大幅値下げをしたのです」

「出向者を受け入れたメリットはないのですね」

「いいえ、当社で首を切れない者が出た場合には、今回とは逆に先方へお願いできますので、先に貸しを作っておくということです」

「社長、そうだったのですか」経理部長が口を挟みます。

「いやいや、経理部長を出向に出すということではないから、心配は無用だ」

「そうではなく、優秀な人材なので出向を受け入れる、当社の牽引役になるということでしたね。実際、彼のような人材は当社にいませんので、助かっています」

「……」社長は経理部長の顔を見ます。

「出向元の会社で不要になった社員を受け入れたのですね。そうであるなら、この出向料は寄附金として扱います」

経理部長が心配したとおり、調査官は、支払った出向料は寄附金になると指摘します。国や公共団体以外への寄附金は、課税所得を逃れるものとして、損金算入の限度額が設けられていますので、経理部長はこれを避けようとして社長の発言を訂正したのです。

「出向元とは、資本関係や取引関係はあるのですか」

「特にありませんが、優秀な人材ということで、受入れを決めました」社長を制して経理部長が答えます。

「どのような経緯で出向受入れの打診があったのですか」

「……」経理部長は答えに詰まります。

「知り合いの会社です。寄附をするつもりはありません。優秀な人材が欲しかったのです」

社長が答えますが、時すでに遅しです。

出向元での問題点

「タイムカードのない社員がいますが、どうしたのですか」

「関連会社に出向させています」

「関連会社といいますと？」

「当社の製品を運送する、運送会社です」

「そこで何をされているのですか」

「運転の補助です。駐車違反にならないよう、車に乗っている仕事です」

「出向先から、何らかの支払はあるのですか」

「当社からお願いしたものですから、出向料の受取りはありません」

「それは、単なる労働力の提供、すなわち寄附ということですね」

「寄附の意識はありません。出向先で学ばせているのです」

「駐車中のトラックの助手席に座ることを学びに行っているのですか。シルバー人材でも格安で行っている仕事ではありませんか」


首を切れない社員を、関連会社に押し付ける例があります。押し付けるがために、出向料を請求せずに、出向元で出向社員の給与を支払うのです。

社員の籍は出向元にあるので、出向元が出向社員の給与を支払うのですが、出向先から その費用負担がない場合には、出向先への労働力の無償提供、すなわち、給与相当額の寄附となり、損金算入の限度額の規定の対象になります。

また、無償で出向者を受け入れた出向先は、出向者の給与相当額の利益があったとして、その金額は益金算入となります。

なお、出向料は人件費ですから、支払側も受取側も消費税は「不課税」となります。出向料は、技術指導料などの名目で支払われることもありますが、名目の如何を問わず不課税です。人材派遣の場合（課税）とは異なりますので、注意が必要です。

出向先で役員となっている場合

「親会社から取締役の出向を受け入れていて、その出向料の支払がありますが、平社員の賞与に当たる臨時の役員給与についての損金不算入がなされていません」

「山田取締役のことですね。山田取締役は出向元では役員でなく、いわゆる平社員ですので、賞与も損金算入になっています」

「当社では取締役ですので、平社員の賞与部分は損金不算入になります」

「当社は出向料を支払っているのであって、賞与を支払っているのではありません」
「出向料の中に賞与相当分が含まれているということです」
「山田取締役は、出向元では平社員ですから、賞与分があっても、損金になると考えます。第一、山田取締役に出向元がいくらの賞与を支払っているのか、当社には全く分かりませんし、当社には賞与の意識は全くありません」

会社側の主張にはなるほどと思われる点もありますが、出向先で役員として受け入れる場合には、会社法上、株主総会や取締役会でそれなりの対応をし、議事録を残さなければならず、税務上は出向料が役員給与に相当することになります。ですので、今回のケースは、事前確定届出書を税務署に届け出ていない限り、この賞与は損金不算入となります。

もし、会社側の主張が通れば、出向によって役員給与規定が骨抜きになってしまいます。つまり、出向元では役員にせず、出向先で役員にすることを目的として、互いに社員を出向させ、出向料を支払い合えば、出向先は臨時の役員給与相当額を出向料という科目で処理し、損金不算入から逃れることができるからです。

さて、出向先で役員になるケースは結構ありますが、総会や取締役会の議事録がきちんと作成されていないことが多いようです。税務調査でも議事録は大きな効果を発揮しますので、日頃から気にとめておきましょう。

●議事録さえあれば……

企業は、重要事項を決定するために株主総会や取締役会を開き、その議事録を残します。後日のためにその議決を明確にしておくためです。

株主総会や取締役会では、配当をすること、海外へ進出すること、取締役（出向者も含む）や監査役を選任すること、役員の報酬を決定すること、高額な不動産や資産を購入することなどを議決しますが、これらの議決内容について議事録を作成し、取締役が記名押印します。

税務調査では、必要があった場合にこれらの議事録の提示を求めるのが一般的ですが、調査官の中には、最初から議事録の提示を求める人もいます。議事録の内容から調査する項目を探し出そうとする目的もありますし、調査で問題になった事項について、追加的に議事録が作成されないようにする目的もあります。

例えば、取締役の報酬を値上げした場合がそれです。どこかで値上げの意思決定がなされるからこそ、報酬が引き上げられるのですが、調査官は、取締役会の議事録の有無でこれを判断します。議事録が作成されていなければ役員報酬の増額は認めない（損金不算入）というわけです。議事録の後出しを防ぐために、最初に議事録綴りの提示を求めるのです。定期同額給与が導入されてからはなおさらです。

しかし、なかには、調査官の指摘を受けても「取締役会の決議はある。議事録を作っていないだけだ」とか「議事録は税理士が作ることになっているので、今はここにない」と主張する社長もいます。

会社法では議事録を作成することが決められていますが、そこには作成期限が定められていませんので、このような言い逃れが出てくるのですが、取締役が夫婦二人というような小規模な会社では起こりうる事象です。中小企業の取締役会は寝室か夕食の席と言われることがありますが、まさにそのとおりで、会社の意思決定は出来ているのに、その記録たる議事録が作成されていないということで、税務上の否認になってしまうのです。調査官の中には、「議事録はきちんと作っておいて下さい」と言うだけで、修正申告を求めない人もいますが、多くの場合には、議事録がなければ意思決定がなかったものとして扱われてしまいます。

14

未払賞与は許される？

法人が所得に対して支払う税金は、法人税や地方税、事業税を合わせると、およそ35％になりますが、法人税などは損金算入ができませんので、決算書の当期利益に対しては、大雑把に半分が税金という考えもあります。

100万円の利益に対して、50万円の納税になるということで、経営者は色々なことを考えます。納税前の100万円と、納税後の50万円は、同じ価値なのだろうか、納税前なら100万円使えるのに、納税後では50万円しか使えない。ということは、納税前の100万円は200万円の価値がある、などという考えです。

貨幣価値が納税で変わることはないのですが、感情的には理解できる考えで、経営者は決算前に利益の有効利用をして、納税額を抑えようとします。

支払額の全額が損金になるのは販売管理費ですが、不必要な物を購入しても意味がありませんので、社員に喜ばれる臨時賞与を支払うことになります。

横須賀機械は自動車部品を製造する企業。円安の影響で予想外の利益になることが、試算表の速報で分かりました。

このまま納税しては誰も喜びませんし、税務署から表彰されるわけでもありませんので、社員に賞与を支払って、課税所得を減少させることにしました。

支給日の定められた賞与でなければダメ？

「賞与の未払いが計上されていますが、これはどなたへの賞与ですか」

決算書に賞与の未払いが計上されているのを見て、調査官は横須賀機械を調査することにしたのですが、調査の早い段階でこう質問しました。

「当然に社員の賞与です」

経理部長は、役員賞与（臨時的な役員給与）は事前に届出をしていないと損金不算入であることは承知している、役員賞与のはずがないでしょう、というニュアンスで答えます。

「毎年計上されている賞与ですか」

調査官は就業規則などで支給日の決められた賞与であるか否かを確かめるためにこう聞きます。就業規則などで支給日が決められている賞与は、未払いであっても損金経理することができます。

これは、賞与の支給日が決まっていながら、何らかの都合で賞与を支払うことができなかった場合のことで、当然に損金性があるのですが、未払いを計上している場合に限り、損金計上が認められます。つまり、税務調査などで売上計上漏れが指摘された場合に、「実は支払期の来ている賞与があったので、それを損金にして下さい」という、逃げの道を閉ざす趣旨です。後出しジャンケンのような扱いはできず、支給日が決まっている賞与でも、損金経理（未払計上）していなければ認めないのです。

全社員への通知が条件？

「これは決算賞与です。突然の円安で思わぬ利益が出ましたので、臨時のボーナスです」

「臨時のボーナスということは、就業規則などにはない賞与ですね。そうしますと、臨時に賞与を支払うことを、社員全員に通知していますか」

「取締役会で決議しましたので、社員は知っています」社長が答えます。

「具体的に、どのように通知されたのですか」

「役員会の内容はすぐに社内に知れ渡ります。ましてや賞与のことですから、その日のうちに伝わったと思います」

「私が各課の課長を呼んで、決算賞与を出すことを伝えました」

社長は何も考えずに答えますが、経理部長がこう付け加えます。経理部長は調査官がチェックしようとしていることが分かったからです。

「各課長に伝えた時の文書を見せて下さい」やはり調査官は、全社員に決算賞与を支給することが通知されたか否かをチェックしようとしているのです。

決算賞与を支払うことが全社員に通知されていない場合には、賞与の未払計上は認められません。会社の都合で課税利益を圧縮したと判断されるのです。

「文書は出していません。口頭で各課長に伝えました」

「口頭では、全社員に伝わったかどうか、分からないではありませんか」

「文書でも同じだと思います。受け取ってもそれを見ない社員もいますし、紛失する社員もいますから。私は、各課長の伝達能力を信じています」

経理部長の回答は適切です。全社員に通知されていることが要件ですので、文書で通知する必要はないのです。

ただし、税務調査で、通知したか否かが問題となった場合に、通知したことを立証するには、何らかの文書と、それを受領したこと、あるいはその内容を理解した旨の社員のサインが必要になりますので、何らかの書類を残しておくことが望まれます。

未払賞与の支給日は決算期後1カ月以内

「この賞与は、いつ支給しましたか」

「決算の翌月末に支給しています」

「支払った時の仕訳と関連の通帳などを見せて下さい」

「通帳も？ ですか」経理部長は怪訝《けげん》な顔で聞き直します。

「実際に支払われたことを確認したいのです」

未払計上した賞与は、決算末日から1カ月以内に支払わなければなりません。1カ月以内に支払うことが、未払計上できる条件となっていますので、調査官はその支給日の確認をするのです。

「仕訳を見ますと、社長借入で資金を調達していますが、社長の資金出所を教えて下さい。そして、これまでの賞与は給与と同じように銀行振込になっていますが、今回の賞与は現金払いとなっています。なぜですか」

「臨時の賞与ですので、現金で支払った方が、社員が喜ぶと思いまして」

「社長はこの資金をどう都合されましたか」

「そのくらいの金は持っていますよ」社長が答えます。

「1000万円を超しますので、手元にあったとは思えません。実際にこの賞与は支払われたのですか。なんでしたら、社員に聞いてみましょうか」

決算末日から1カ月以内に支払うという条件を満たすために、社長から現金を借りたことにして、その現金で社員に賞与を支払ったことにしたのですが、調査官の目をごまかすことはできません。

夏期賞与や冬期賞与と一緒の支給日

決算の末日から1カ月以内に支払うことが、未払賞与を計上できる条件ですが、1カ月以内に支払ったとしても問題となることがあります。

それは、夏の賞与や冬の賞与の支払日と同じ日に支払う場合です。

仮に、未払いの賞与と一緒に支払ったはずの夏の賞与の金額が、前年の賞与と変わらない場合には、未払いの賞与は夏の賞与を前倒しして損金に計上しただけ、と捉えられるからです。賞与の明細書が1枚であるなら問答無用ですし、未払分と夏の賞与とを2枚に分けたとしても、その合計額がいつもの夏の賞与と変わるところがなければ、未払いの賞与は否認されます。

15

海外リゾートマンションは福利厚生施設になる？

門前薬局と呼ばれる薬局があります。病院の門の前にあるのでこう呼ばれる院外薬局のことです。院外薬局とは、医療と薬局を分業し、病院内の薬局ではなく、病院外の薬局で薬を出すようにしたもので、最近は門前薬局が増えてきています。

門前薬局に限らず、薬局の悩みは薬剤師の確保です。１人の薬剤師が扱える処方箋の枚数が１日40枚と決められているため、薬剤師が足りないのです。

その上、大きな病院が郊外に移転するようになり、都会志向の薬剤師を集めにくくなっている事情もあります。また、ドラッグストアが大きく増えたことも薬剤師不足の一因です。そのため、薬局業界ではあの手この手を使って薬剤師の確保をします。

週休３日、80平方メートルの欧風造りの寮、海外に保養所あり、などなど、派手な条件を提示した人材募集の広告が流れます。薬剤師専門の求人誌を見ますと、勤務場所よりも、給料よりも、福利厚生施設の内容が特記されています。

三四郎薬局は、首都圏で門前薬局を展開する企業。首都圏の駅に近いなど、店舗の立地がいいので、薬剤師の確保に苦労するような状況にはありません。薬剤師の方から職を求めてくるという恵まれた環境です。

そのような中、三四郎薬局の税務調査がありました。

リゾートマンションで求人？

「バリ島のリゾートマンションを購入されていますが、これはどのような理由によるものですか」調査官は遠回しに質問します。

「理由って……社員の福利厚生のためです。薬局を開くためではありません」薬剤師の資格を持つ社長は、調査官の質問の意図が分からずに、こう答えます。

「福利厚生にしては遠方ですね。国内には持っていないのですか」

「国内にはありません。若い薬剤師は海外志向ですから、軽井沢や葉山のリゾートでは満足しないのです」

「社員のため、ということですね」

「もちろん。海外にリゾート施設を持っていなければ、若者は応募してきません。仕事より遊びが先なのです。薬剤師を確保しなければ成り立たない商売ですから、どこも、海外のリゾート施設を所有していて、それを求人広告で強調しています」

「求人広告を見せていただけますか」

「これが薬剤師専門の求人誌です。求人誌なのかリゾートマンションの宣伝なのか、分からないほどです」

「この中に、当社の求人があるのですね」

「いや、ここには載っていません」

「載っているものを見せて下さい」

「実際のところ、求人誌を使ったことはありません。幸いなことに、薬剤師の方から求職してきますので、助かっています」

「給料がいいからですか」

「給料はどこでもほぼ一緒です。当社の場合、店舗が繁華街の駅前なので、通勤が楽で帰りには遊ぶところも飲むところも多いので、好まれているようです」

「そうしますと、バリ島のリゾートマンション購入は求人のためではないようですね」

調査官にこう言われて、社長は、最初の質問の意図が分かります。

誰のためのリゾートマンションか？

調査官は、三四郎薬局に必要な買い物だったのか、それとも、社長や役員のための買い物だったのかを判断しようとしているのです。

「この業界は薬剤師を集めなければやって行けません。どこもかしこも、海外に福利厚生の施設を持っていて、それを派手に強調して薬剤師を集めています」

「しかし、当社では薬剤師の方から求職してくるんでしたね」

「現在のところ、そうではありますが……」

「求人誌を利用したことがないと言いながら、求人のために海外のマンションを購入したというのは、矛盾しています」

「将来のためです。もし求職者が来なくなった場合には、当社も派手に求人広告を出さなければならなくなります。その時、海外に何も持っていなかったら、間に合いません」

「ということは、現在は利用していないということですね」

「いえいえ、私と専務は利用しています」

「お二人だけですか」

「家族も連れて行っています」

「役員だけが利用するマンションですから、この取得費は臨時の役員給与と考えます」
「役員給与と言いましても、マンションという建物で、現金ではありません」
「現金でなくても、役員個人への経済的利益の付与ですから、臨時の役員給与となります」
「マンションの名義は、三四郎薬局です。個人のものではありません」
「名義は関係ありません。使用者が役員だけですので、役員のマンションと考えます」

調査官の理屈は少し乱暴です。法人名で購入した物は、あくまでも法人の物です。マンションであれ、飛行機であれ、貨物船であれ、法人が購入した物は法人の物です。

ゴルフクラブのように個人が使用する動産の場合は、それを所持している人の物になりますので、その購入費は役員の給与となりますが、登記や登録がなされる不動産などは、購入者に所有権があります。仮にこれを売却した場合、その売却代金は法人に入ることからしても当然です。

したがって、法人がマンションを使用していないからといって、その購入費を役員給与とすることには無理があります。

三四郎薬局の場合、マンションを使用していないのであれば、その減価償却費の否認、役員のみが使用しているのであれば、適切な使用料の認定、ということになります。

利用状況の確認

「私や家族が使用したのは事実ですが、実は社員も利用しています。社員が利用していれば問題はないんですよね」社長は調査官の指摘に気づいて、訂正をします。

「社員のための施設でなければ経費性がありません」

「思い出しました、何人かの社員がバリ島に行っています」

「リゾートマンションの利用規程を見せて下さい」

「利用規程ですか……さて、作っていたかどうか……」

「利用規程がなければ、社員はどうしていいか分からないではありませんか。バリ島のマンションを購入したことを、どのようにして社員に伝えたのですか」

「口コミで伝わったと思います」

「口コミで全社員に伝わるのですか。そして、社員からの利用申込みはどのようにして受け付けたのですか」

「これも口頭で受け付けました」

「口頭で受け付けたにしろ、利用の日程を管理していなければ、ダブルブッキングになりますから、日程の管理をしている帳票があるはずです。それを出して下さい」

調査官の指摘のとおりです。社員が利用するのであれば、第一に利用規程があるはずです。そして、利用の申込書もあるはずですし、利用の日程が重ならないように、日程の管理をする書類も必ずあるはずです。

調査官は「あるはず」を強調します。

「それも、何となくコントロールできていました」

「マンションの鍵を見せて下さい」調査官は、「鍵はどこにありますか」とは聞かずに、こう言いきります。

「ここには置いていません」

「会社にないのですか。会社のマンションなのに、会社には鍵がないのですか」

調査官の指摘のとおりです。会社のマンションという意識があれば、その鍵は会社に置かれているはずなのです。

「実際にバリ島のマンションを利用された方の名前を教えて下さい」調査官は方向を変えて質問します。

「山本、田中、鈴木、佐藤、小沢、松下、本田……などです」

「それでは、これらの方がバリ島へ行った日のタイムカードを出して下さい。それと、休暇の申請書も出して下さい」

「タイムカードですか……一泊二日で帰る者もいますので、タイムカードや休暇の申請書では分からないですよ」社長は先回りして答えます。

「直行便でも7時間以上かかるところです。国内の移動を含めたら、片道10時間以上です。一泊二日は絶対に無理です。社長がそうおっしゃるなら、これらの方のパスポートを見せてもらうことにしましょう」

「……いや……それは……パスポートは個人情報ですから」

「渡航者の氏名とインドネシアへの入国を確認するだけです。他は見ませんし、見る必要もありません」

ここまで来ると、バリ島のリゾートマンションを社員が利用したことを立証する責任は会社側となります。マンションの購入を社員に知らせた様子はない、利用規程はない、利用申込書はない、利用整理簿はない、マンションの鍵は会社にない、タイムカードや休暇の申請書では渡航の確認ができない、となれば、調査官はリゾートマンションの経費性を否認することになります。

個人情報を理由に渡航の事実を明らかにしないのであれば、調査官の指摘に従うほかはありません。

16

海外渡航費は業務遂行上の必要な費用ならOK？

いきなり専門的ですが、法人税基本通達に次のような記述があります。

『……法人の業務の遂行上必要なものであり……通常必要であると認められる部分の金額に限り……法人の経理を認める』

法人の業務の遂行に必要なもので、通常のものであればそれを認めます、という内容です。交際費も、消耗品費も、修繕費も、どんな経費でも、法人の業務の遂行に必要なもので、通常の範囲のものが経費となるのですから、当然と言えば当然のことなのですが、基本通達にはこう書いてあります。

しかし、これは、経費全般のことを規定しているのではなく、「海外渡航費」の扱いについての規定です。なぜ、海外渡航費に限ってこう規定したのか、疑問のあるところで、海外渡航費でなければ法人の業務の遂行に必要でない費用も計上していいのか、と言いたくなってしまいます。

土屋洋菓子店は、洋菓子を製造販売する企業。このほど、社長と副社長がヨーロッパを一回りして、本場の洋菓子作りの様子を視察してきて、その費用全額を研究費として計上しました。

海外渡航費全額は研究費にならないでしょ？

「研究費の金額が100万円を超していますが、どのような内容ですか」調査官は前年比で金額が突出した研究費の内容を尋ねます。

「研究費の元帳に記載したとおりで、社長と副社長がヨーロッパを視察しました」経理部長は元帳を見て欲しいとばかりに答えます。

「ヨーロッパの視察が研究費なのですか」

「当社発展のための研究です」

「どのような視察で、どのような研究をなさったのですか」

「研究イコール視察です。別々のものではありません」

「どのような視察をなさったのですか」調査官は社長に尋ねます。

「ヨーロッパの洋菓子店を見て回りました。写真もたくさん写してきています」

「日程が分かる書類を見せて下さい」

「ツアーの案内書でいいですか」こう言って、社長はツアーの案内書を出します。

「ツアーですか。観光ですね。視察とは言えないですね」

「ツアーだからダメということはないでしょう。しっかりと視察をしています」

「現地10日間の間、何日視察をされたのですか」

「自由行動の日が2日ありましたので、その日は洋菓子店を6店ずつ回りました。それ以外の日は観光が終わった後に、洋菓子店を2店ずつ回っています」

「観光の合間に洋菓子店に行っただけではありませんか。何が視察なんですか」

「バスに乗っている間も、街の中の店舗の様子を視察しました。写真もたくさん写しています。日本とは違う店構えは、土屋洋菓子店にとって大変参考になります」

「洋菓子の工場を見学されたのですか。洋菓子のセミナーとかに出席されたのですか」

「時間がなくて、それはできませんでした」

「工場見学もなくて視察というのはおかしいです」

「工場見学だけが視察ではないと思います」

「視察というものは、工場見学があって、言えることではないのですか」

「ですから、時間がなくて、できなかったのです」

「どんな時間で、どんな見学を計画されたのですか」

「自由時間内では無理でした」

「最初から、その計画はなかったのですね」

「計画はしましたが、なかなかいいツアーがなかったものですから」

「ツアーに参加するということは、観光が目的だからですね」

「飛行機もホテルも、市内のバス移動も付いていて安いから、ツアーにしただけです。観光目的ではありません」

「ツアーは観光目的で企画されるものです」

「企画はどうであれ、参加者は視察目的なんです」

「洋菓子を食べて、写真を写しただけでは、視察とは言えません」

「見聞を広げることが大事なんです。日本という狭い国に閉じこもっていたのでは、洋菓子店は先細りになってしまいます」

「それは社長の個人としての見聞ではないでしょうか。土屋洋菓子店の業務を行う上で必要な経費とは認められません」

「井の中の蛙ではいけないんです。そんなことでは日本はだめになってしまいます」

「蛙には、蛙が使える費用があるのです」

なんとも凄い問答になってきましたが、おそらく、この問答に終わりはないと思われます。調査官の言うこともしかりですが、土屋洋菓子店の社長の言うこともしかりなのです。

では、どちらが言うことに軍配が上がるのか……。

残念ながら、どちらにも軍配を上げることができません。

ならば、取り直しか……とも思えますが、取り直しをしても、勝敗はつきません。

基本通達の意味

したがって、冒頭の法人税基本通達があるのです。

通達をもう一度、正確に見てみますと、

『その海外渡航が当該法人の業務の遂行上必要なものであり、かつ、当該渡航のため通常必要と認められる部分の金額に限り、旅費としての法人の経理を認める』

とあり、

● 観光渡航の許可を得て行う旅行
● 旅行の斡旋《あっせん》業者が行う団体旅行に応募してする旅行
● 同業者の団体などが主催して行う、主として観光目的と認められるもの

は、原則として法人の業務の遂行上必要な海外渡航に該当しない、としています。

ヨーロッパの洋菓子を食べ歩くことは、洋菓子店の経営者にとって、どんな味がするの

か、色合いはどうか、柔らかさはどうかなどを知る上で重要なことですから、業務に必要であるかどうかの判断は企業側がすべきことなのですが、このような旅行費用の損金算入を認めると、歯止めが利かなくなりますので、先のような通達があるのです。

この通達の基礎となったのは、1つの裁判です。

それは、建築設計および建築監理をする企業の取締役が、27日間、ツアーに参加してヨーロッパ各地を旅行した費用の損金性が問題となったものです。

判決は、業務の遂行上必要な費用とは解されず、その費用は（当時の）役員賞与として支出したものと言わざるを得ない、というものです。

会社側は、ヨーロッパの建築物を視察しておくことは、事業の発展に直接結び付くと主張したのですが、社員個人の素養を高める目的の旅行は会社の業務上必要でないとは言いがたいが、目的達成の実効性が極めて乏しい、という理由で退けられました。

もちろん、オール・オア・ナッシングではありません。業務と観光が混在した海外渡航費については、業務と観光の日数に応じて、その費用を按分《あんぶん》することになります。

17

通勤手当の10万円以下非課税は実費分だけ？

サラリーマンが受け取る給与には、色々な手当が付きます。

通勤手当や残業手当、扶養手当が代表的なものですが、住宅手当、資格手当、皆勤手当、宿日直手当、食事手当などいろいろあります。

これらのサラリーマンが受け取る手当ですが、なぜか、非課税で税金がかからないと思われているところがあります。おそらくそれは、通勤手当が非課税となるところから、手当と名が付くと何でも非課税になる、という誤解が生じたのでしょう。

サラリーマンが勤務先から受け取る労働の対価たる金銭はすべてが課税対象です。どのような名目を付けても所得税等が課税されます。それが大原則です。

そして、例外として、通勤手当や食事手当についてのみ、非課税の措置が講じられているだけです。

藤山精密は、光学機器を製造する企業。工場が狭くなったため、都内から栃木県へ本社と工場を移転したのですが、社員の多くが電車通勤となるため、最寄りの駅から会社までは送迎バスを走らせることにしました。

送迎バスがある場合

「社員の通勤手当の計算の基礎となった資料を見せて下さい」普通、通勤手当のチェックまでは時間がなくて手が回らないのですが、調査官には閃《ひらめ》きのようなものがありました。

それは、会社の駐車場に止められていた数台の大型バスです。車体のロゴなどからして、通勤者の送迎用だと思われるのですが、通勤手当はどう計算されているのか、確認が必要だと思ったのです。

「鉄道を利用して通勤されている社員全員に、駅から会社までのバス代1万円が加算されていますが、当社には送迎バスがありましたね」

「送迎バスの利用は強制ではありませんから、路線バスの定期代を支払っています」経理部長が答えます。

「確か、路線バスは日に数本で、会社からはかなり離れたところを通っていますね」

「ですから、送迎バスを運行しているのです」

「送迎バスの利用料を徴収しているのですか」

「いいえ、送迎バスは当然無料です」

「無料の送迎バスがあるのに、ほとんど利用できない路線バスの費用1万円を加算するのは認められません」

「それは、こんな遠くまで通勤してくる社員へのサービスです。遠距離通勤お疲れさまという意味です。そのくらい払ってもいいじゃないですか」社長が口を挟みます。

「もちろん、支払うことはかまいませんが、非課税にはなりません。これは明らかに給料の一部です」

「列車で都内から通勤している社員にだけ支払っています。遠距離通勤の手当です」

「非課税になる通勤手当は実費相当額です。このバス代の1万円は交通費ではありませんので、非課税にはなりません」

調査官の指摘のとおりです。通勤手当と名が付けば非課税になるのではありません。非課税取扱いの趣旨は、実費で消費される手当には課税しないというものですから、通勤費として使われることのないバス代は非課税にはなりません。

通勤手当が非課税となって得をするのは社員です。会社は1円の得にもなりません。藤山精密がバス代として1万円を加算するのは、社長が言うように、会社移転、遠距離通勤に対する迷惑料のようなもので給与の一部です。給与に上乗せするより非課税の通勤手当として支払った方が、社員にとっては得になりますが、非課税にはなりません。

合理的な経路と方法

「ところで、藤山社長の通勤手当ですが、住所からすると10万円を超す交通費がかかる所とは思えないのですが、なぜ、こんなに高額なのですか」

「私の家は、駅の向こうですが、社員と同じバスに乗ると社員が嫌がりますので、一旦都内へ出て、私鉄に乗り換えて、会社近くの駅で降りて、そこから路線バスで来ています」

「本当ですか」調査官は驚いた顔も見せずに言います。このようなとんでもない通勤経路を主張する役員が少なからずいるからです。

「ま、定期券は買っていませんが、そうしています」

定期券を見せて欲しいと言われるのが分かるので、社長は先回りして答えます。

「確かに、通勤手当は月額10万円までは非課税ですが、それは、そのような遠回りをした場合にも適用になるのではありません」

「どのような経路で通勤しようと、個人の自由でしょう」

「もちろん自由ですが、非課税となる通勤手当は、常識的に計算された金額に限ります」

調査官は、「常識的に計算された金額」という言葉を使いましたが、税法には、『非課税となる限度額は、通勤のための運賃・時間・距離等の事情に照らして、最も経済的かつ合理的な経路及び方法で通勤した場合の通勤定期券などの金額』で、1カ月当たり10万円までが非課税となる、と定めています。

長い二等辺三角形の二辺を移動するような通勤経路は認められないのです。

10万円という非課税金額に目を奪われると、このような乱暴なことを考えるようになりますが、通勤手当の非課税は、通勤の実費には課税しないという基本に立っていることを忘れてはなりません。

社有車での通勤

「もうひとつ、社長にうかがいます。社長は会社の車で通勤されていますね。先ほど私は会社の門の所で、社長の車が入って来るのを見ました」

「……きょうは特別です。調査があるので、遅れてくるわけにはいきませんから」社長は、そうだったか、という顔をしますが、こう答えます。

「昨日はいかがですか。一昨日は？」

「車は使っていません」

「会社の門の所に防犯カメラがありますね。その記録映像を見てもいいですか」

「見られて困るものではありませんが、そこまで調べるのですか」

「できれば調べたくありませんが、社長が社有車を通勤に使っていないと言うのですから、その確認のためには、記録を見るのが一番だと思います」

「分かりました、私は会社の車で通勤しているということでかまいません。その代わり、車通勤の金額を非課税扱いにしてください」

マイカーや自転車などの交通用具で通勤している人には、通勤距離に応じた非課税の枠があります。しかし、社有車を使っている場合には、ガソリン等の負担がありませんので、当然にこの規定は適用されません。

税務調査で、Aの方は否認を認めるから、Bの方は否認をしないで欲しい、という駆け引きのようなものはあります。調査官も決め手にいまひとつ欠ける、会社側も立証にいまひとつ足りない、という場合です。

しかし、社有車で通勤していながら、マイカー通勤と同じ扱いを望むのは乱暴です。

「社有車で通勤していながら、10万円もの通勤手当を非課税で受け取り、あげくは車通勤の金額を非課税にして欲しいと言うのですか。虫がよすぎます。非課税適用の余地はまったくありません」

徒歩通勤、自転車通勤

ここまで来ると、調査官は藤山精密や藤山社長の悪意を感じます。この分では他にも非課税枠を使った不正があるのではないかと疑うことになります。

このような企業で多いのは、パートの交通費の操作です。夫の扶養家族にとどまるために、年間の給与収入を103万円以下に抑えたいのですが、会社側も働いて欲しいし、パートの方も少しで多くの収入を得たいと考えるからで、賃金の一部を非課税の通勤手当として支給するのです。一般的に、パート社員の通勤距離は長くありません。保育園のことやら、介護のことやら、買い物のことがありますので、会社近くの人が多いのです。

自転車利用の場合、非課税となるのは、通勤距離が2キロ以上からです。

「このパートさんの住所は、地番が会社と1番しか違いません。なのに、通勤手当7100円が非課税となっています」

通勤手当の7100円が非課税となるのは、通勤距離が片道10キロ以上15キロ未満の場合です。調査官はこうして、一人ひとりチェックしていきます。

●課税となる通勤手当

通勤手当が非課税扱いとされているのは、給与所得者がこれを自由に処分することができないからです。給与の一部とはいえ、通勤のための定期券の購入費ですから、給与所得者には損得がないと考えられるからです。また、通勤手当に課税をすると、通勤費がその分赤字になるという考えもあります。

現在、通勤手当の非課税限度額は、月額10万円までです。この金額を超すと、超した分が課税対象になります。

月額10万円といいますと、東京駅から西へ行くと、静岡県の掛川の少し手前、金谷駅までの1カ月定期券代に相当します。距離にして245キロです。

ですので、ほとんどの通勤者が非課税で通勤手当を受け取っていると思われます。このように、通勤手当の非課税枠が大きいため、これを悪用して、課税所得を逃れようとする行為が出てきます。例えば、20万円の給与のうち、10万円を交通費として非課税扱いにするなら、課税所得は半分になってしまうのです。しかし、これは認められません。

18

外注とアウトソーシングって違うの？

外注とアウトソーシングはどう違うのか、最近話題になることが多いです。

日本語と外国語の違いではないかと思うのですが、使い分けが少しあるようです。

外注は、加工とか塗装とか部品を外の会社に頼むこと。アウトソーシングは、会社の中の一組織の仕事を外部に頼むことで、加工品や部品の移動を伴わないようです。

自動車メーカーは多くの部品を外注に頼っていますが、昨今のエアバッグの欠陥では、自動車メーカーとエアバッグのメーカーが同じような責任を追及されていましたので、何をもって外注というのかは難しいところがあるようです。

また、アウトソーシングは、IT業界が好んで使う傾向にあり、形の無いもの、納品物が目に見えないもの、というニュアンスが強くあります。

税務上では、両者を区分して扱うことはないのですが、税務調査の場面では、調査官の捉え方が異なります。

沼津製作所は、エンジン部品を製造する企業。熱海時計は、腕時計のケースを製造する企業。アルバトロスはソフトウエアを開発する企業。３社の外注やアウトソーシングに対する調査を見てみましょう。

外注と半製品在庫があわない？——沼津製作所にて

沼津製作所は大手メーカーの下請的存在ですが、一社に頼ることなく危険負担を分散するために、積極的な営業をしています。

メーカーの下請けということは、メーカーからの外注を受けているということですが、沼津製作所も、製造の一部を外注に出しています。

「外注に関する契約書を見せて下さい」調査官は基本的なことから始めます。

「特に契約書というものはありません。部品が変わる度に、単価の約束はしています」

「何を外注に出しているのですか」

「焼き入れです。当社にはその設備がありませんので」

「実物を見せていただけますか」

「あ、はい……」経理部長は、変わった物を見たがる調査官だな、と思いながら用意をするのですが、調査官には目的があるのです。

それは、焼き入れをする部品の大きさを確認することです。仮に、小指の先ほど程度の大きさであれば、100個でも200個でも乗用車で運べますが、国語辞典ほどの大きさであれば、トラックが必要となるからです。

「運送会社からの請求書を見せて下さい」

焼き入れをする部品が大きい物であることを確認した調査官は、外注先への運送記録から調査をします。外注の契約書よりも、単価の覚書よりも、運送記録の方が実数を表しているからです。しかも、沼津製作所から出た数量と戻ってきた数量のチェックもできます。

もし、沼津製作所が、外注費で何らかの操作をしているとするなら、外注先とやり取りをした伝票も操作されていますので、最初に運送記録を確認するのです。

外注費の支払金額の基礎となった数量と、運送記録の数量に違いがないことを確認した調査官は、次の質問をします。

「外注に出して、戻ってくるのに10日前後かかっていますね」

「大体、10日です」

「そして、この戻ってきた部品は、何日後に製品になるのですか」

「やはり、10日ほどを要します」

「在庫表を見ますと、焼き入れ前の部品の在庫は載っていますが、外注先にあったであるう半製品と、外注先から戻ってきた半製品の在庫がありません。漏れたようですね」

外注に関する調査は、その金額の適否だけではなく、このように外注先にある半製品が在庫として計上されているか否かについても行われるのです。

外注の数量と売上の数量があわない？——熱海時計にて

熱海時計が製造するのは腕時計のケース。といっても化粧箱のことではなく、腕時計本体の筐体《きょうたい》のことで、鋳造やプレスや切削《せっさく》で製造します。

熱海時計もメーカーの下請けなのですが、熱海時計自身も下請けに外注を出しています。

「何を外注に出しているのですか」

「筐体、すなわちケースの研磨を出しています」

「ケースを研磨しているのですか」

「数千円の時計はしませんが、当社のケースはすべて研磨しています」

「なぜ、外注なのですか」

「熱練工が手で一つずつ磨きますので、社内ではできません。それに、研磨粉が飛散して空気浄化や環境対策に費用を要しますので、とうてい無理です」

「外注先への運搬はどうされていますか」

「社員がライトバンで運びます」

「ケースを受け渡す際に作成する伝票を見せて下さい。それと、検収の時の書類も」

検収とは、納品された物が、発注どおりに仕上がっていることや、その数量を確認する作業のことで、精巧な製品になると、検収は丁寧になされます。

熱海時計では、30個単位で検収をし、キズや研磨不十分という理由で、そのうち2〜3個が再研磨になっています。

「検収済みの数量はどこでどうチェックしているのですか」

「検収伝票に、検収した数量を明記しているので、数量に間違いはありません」

「そうしますと、検収した数量イコール売上の数量ということですね」

「もちろんです」と言いながら、経理部長の顔が曇ります。

「ＣＡ１３６という製品は、３００個の検収に対して、５００個が納品売上になっています。反対に、３００個の検収に対して、１００個の納品しかない製品があります」

「納品の数量が多いということは考えられませんが、納品の方が少ないのは、製品在庫と思われます」

「製品の在庫には載っていないようですが」

「漏れたようです……修正申告します」素直な経理部長ですが、調査官の目はごまかせません。

「単価の安い製品を多く納品したことにして、単価の高い製品の納品を少なく見せかけたのではありませんか」

「いえ、そのようなことは……」

「これは、親会社を調べれば容易に分かることです。この売上の差額は、売掛金として残っているようですね」

調査官に指摘を受けて、すぐに修正申告をするというのは、他に大きなことを隠している証拠です。調査官はそれを承知しているのです。いわゆる「おとり脱税」（165頁）のにおいをキャッチしたのです。

外注の内容によっては、外注に出した個数と売上の数量は一致します。調査官はこの数量をチェックして、外注費が水増しされてはいないか、売上が落とされてはいないか、を調査するのです。

売上と委託費が連動しない？――アルバトロスにて

アルバトロスは図書館やレンタルビデオ店が使用する貸出しに関する基本的なソフトを開発してそれを所有しているのですが、顧客の様々な要求に応じてソフトの内容を変更し、それを販売しています。

以前はソフトの変更ができないパッケージ型で販売していたのですが、顧客の要求が多くなったために、ソフトの変更をアウトソーシングすることにより営業成績を伸ばしています。

「検収の書類を見せて下さい」

「当社には検収の書類はありません」

「検収がなければ、委託費を支払えないではありませんか」

「コンピューターのソフトウエアですから、検収には長い期間を要します。ですので、検収ということをしていません。後からバグが出てくることはしょっちゅうなんです。もちろん、納品があれば、委託費は全額支払います」

コンピューターのソフトウエアの業界では、「不具合」（バグ）という言葉があります。製造業の世界で起きた場合の、製品の欠陥や瑕疵《かし》を指すのですが、こう言うのです。

それは、膨大なソフトの中身を短時間の検収では発見できないので、納品後に発生した不都合は欠陥ではなく「不具合」だとしているからです。

「土屋企画に外部委託したソフトウエアは、どこへ納めているのですか」

「ブルー・レンタル社に納めています……」

「ブルー・レンタル社の売上はありませんが」

「検収が出ていませんので、売上には計上していません」

「先ほど、検収の書類はないと言われましたが」

「ブルー・レンタル社からOKが出ていないのです」

「入金もないのですか」

「全額入金していますが、前受金で計上しています」

「委託費の方は全額損金算入で、売上の方は前受金というのは、辻褄《つじつま》が合わないですね」

調査官の指摘のとおりです。売上と委託費は連動するはずです。この場面では、委託費の在庫計上という方法も考えられますが、不具合は後から無償で修復するという業界の習慣に従えば、売上金の全額を受け取っているのですから、前受金としての処理は否認されることになります。

受注契約書や委託契約書の記載内容が優先しますが、売上と委託費が対応しない経理は認められません。

19

社内外注費って？

経営者の悩みは人件費です。

人材の確保そのものも大変なのですが，給料日の支払も大変なのです。

それは，第一に現金払いだからです。支払を数日遅らせてもらうこともできませんし，手形で支払うこともできません。

そして消費税です。給与は消費税が課税されない不課税扱いですから，人材派遣と違って，同じ人件費でありながら，納付すべき消費税の減額対象にならないのです。また，毎月，所得税や住民税を天引きして，これらを納税しなければなりません。

経営者は，社会保険料の会社負担もあり，年末調整という大きな事務負担もありますから，社員全員を外注扱いにしたらどんなに楽だろう，外注費の消費税は課税仕入れ扱いになるし，社会保険料の会社負担はなくなるし，年末調整の事務からも解放されて快適，と考えたくなるのです。

掛川鉄工所は鉄製品を加工する企業。社員の大半は正社員ですが、何人かの社内外注の職人がいます。社長には、給与より外注費の方がいい、という考えはなかったのですが、調査官には、社内外注の存在がどこでも同じ脱税の手口と見られたようです。

社内外注者って？

「蓮見電工に外注費の支払がありますが、何を外注しているのですか」

「工場内の電気関係の点検と整備、修繕の一切を頼んでいます」

経理部長は、税務調査で外注費が問題になることが多いと聞いていたので、丁寧に答えます。

「タイムカードのある蓮見進さんが蓮見電工なのではありませんか」

「そうです。始業前に電気関係のチェックをしてもらっていますので、始業前にチェックしたことの証拠として、タイムカードを打ってもらっていますが、彼は社内外注者です」

「タイムカードのある人は社員として扱います。外注費でなく給与です」

外注費が給与であるなら、消費税が課税仕入れから不課税になって消費税の追徴課税ができ、さらに源泉所得税等の追徴課税ができますので、調査官は社内外注を給与として扱いたがる傾向にあります。

「ですから、タイムカードは始業前に点検したという証拠のためのものです。社員ということではありませんので、彼のタイムカードには、退出の記録はありません」

「勤務時間を管理しているということは、社員ということではありませんか。しかもタイムカードは蓮見進という個人名になっています」

「時間をチェックしているのは、始業時間前の点検のためです。後の時間は彼の自由です」

「毎日、電気関係のトラブルがあるのですか」

「毎日はありませんが、少なからずあります。電気が止まったりしたら、大きな損失になりますので、重要な外注です」

「ところで、駅と会社の間の送迎バスの運転は、どなたがなさっているのですか」

「はあ……」

「蓮見さんではありませんか。タイムカードを見る限り、そのような時間帯に出勤している社員は見当たりません」

「確かに、送迎バスの運転もしていますが、それも含めて外注となっています」

外注か社員か？

「外注の契約書を見せて下さい」調査官は、契約書はあるのですか、とは聞かずに、見せて下さいと言い切ります。

「特に契約は交わしていません」

「社員だからではありませんか」

「健康保険や労働保険には加入していませんので、外注です」

「決められた時間に出社していること自体が社員です」

「バス会社に送迎バスの運行を頼んでも、送迎の時間は決まっています」

「バスの所有者は当社です。運転手だけの派遣を受けるのであれば、蓮見さんに限りませんので、タイムカードはないはずです」

「蓮見は電気関係の資格を多数持っています」

「資格については履歴書に書いてありましたが、履歴書があることとイコール、社員ということです。しかも、休暇整理簿まであります。外注の休暇というのはおかしいです」

「送迎バスの運転を休む日は、事前に知らせてもらっています」

「蓮見さんが休みの日は、運転はどなたがなさっているのですか」

「社員がしています」

「外注ですから、蓮見さんが代わりの運転手を用意するのではありませんか」

調査官の指摘のとおりです。外注で仕事を請け負っているのですから、その仕事に支障がないように交代要員を確保するのは受注者の責任です。社員が（運転の）代替えをするということは、運転は、社員としての仕事ということです。

「電気工事の工具や、電線などの資材は、どうされていますか」

「いずれも、会社が用意して、支給しています」

「道具も持たない、資材も持たない、というのは、勤務者と同じです」

「材料支給という外注は多いです。現に、当社は親会社からの材料支給です」

「外注ですから、少なくとも、工具は持込みなのではありませんか。そして、何メートル使うか分からない電線を支給するというのはおかしいです」

調査官の指摘に間違いはありません。工具も資材も持たないで外注を受けるというのは不自然です。何も持たずに会社に行くのですから、社員と変わるところはありません。

「そして、月々の出来高について、請求書が出ているのでしょうか」

「出来高と言いましても、大きく変わることはありませんので、請求書は省略しています」

「外注費の計算の根拠は、タイムカードということですか」

「ま、そういうことになりますかね……」

「蓮見電工への支払を見ますと、毎月ほぼ同額です。2月が若干少ないところを見ると、月の日数計算のようですね」

「結果的にそうなっているかもしれません」

「8月は、夏休みが10日ありましたが、支払額が減っていません。夏休み分を加算していますから、蓮見さんが社員扱いである証拠です」

資格を持つ人材を外注で受け入れる例は少なくありません。当の本人が外注として雇って欲しいという場合も、会社側からそう要求する場合もあります。

いずれの場合にも、給与相当額を外注費で受け取るなら、社会保険料や雇用保険料は控除されず、源泉所得税等も控除されませんので、従業者の手取金額は大きくなります。

また、会社側としても、社会保険料等の負担がなく、支払額は外注費として課税仕入れになり、その8％相当額（内税計算）の負担が軽くなりますので、両者は外注扱いすることに同意するのです。

しかし、雇用であるか外注であるかは、当事者が自分たちの思惑《おもわく》で決めることではありません。調査官がチェックしてきたように、書類や実態から総合的に勘案して、独立して業務を請け負っていると判断される場合のみ、外注費として扱われます。

なお、従事者（ここでは蓮見電工）が確定申告をしているか否かは、外注費であることの判断に大きな影響を与えません。

20

車両関連費に隠された役員の個人的費用？

「私用電話厳禁」という貼り紙が社内に貼られていた時代があります。今のように個人が携帯電話を持っていませんでしたので、家庭や友人との連絡に会社の電話を使うことがあり、それを抑えるための貼り紙でした。

今でも、私用電話をする社員はいるでしょうが、会社はこれに目くじらを立てることはありません。大した金額ではないからです。

ならば、社員の私用がどの程度になると、会社は行動を起こすのでしょう。私用電話に限らず、私用コピー、私用交通費、私用接待など、色々ありそうです。

会社がこれらの「私用」について問題視するということは、税務署もこれらについて同じような目で見るということです。もちろん、税務署も私用電話程度では動きませんが、その金額が数万円数十万円となってくると、社員の給与あるいは役員の給与としてそれらの費用を扱うようになります。

浜松商事はうなぎを養殖販売する企業。

「社有車の管理簿を見せて下さい」調査官はどのような車両を所有しているのかをチェックします。所有しているのは、社長車と思われる3ナンバーの乗用車と、ライトバン3台と、軽乗用車2台の合計6台。

社有車以外に給油？

「私の知識ではよく分からないのですが、これらの社有車でディーゼル車はありますか」

「全車、ガソリン車ですが……」調査官が何を意図してこう聞くのかが分からず、経理部長は短く答えます。

「ガソリンスタンドからの請求書を見ますと、軽油の給油が少なからずあるのですが、軽油とはディーゼル車用の燃料のことですね。請求書には車両番号が書かれていませんので、車両番号が分かる給油伝票を見せて下さい」

経理部長はすぐにその理由が分かります。数年前に浜松商事の運送部門が独立して別会社となったのですが、社長の長男が代表者となっているため、いまだに燃料費の請求が区分されていないのです。経理部長は社長に一度言ったことがあるのですが、「急ぐことはない」と言われて、そのままになっているのです。

「当社にはディーゼル車はありませんので、油種を間違ったものと思われます」

「そうでしょうか。給油量が90リットルとか100リットルになっていますので、乗用車への給油とは考えられません」

「経理部長、まだやってなかったのか……」社長はこう言って、浜松商事運輸を独立させたことを調査官に話します。

「この経理を、社長はご存じだったのですね」

「切換えは済んでいたと思っていました」

「社長は、浜松商事運輸の役員をされていますから、これらの軽油代金相当額は、社長への給与とみなし、浜松商事運輸へは、社長からの寄附とみなします」

「だから、早く切り替えろと言ったのに……」

社長は仕方ないという顔を見せますが、調査官の判断は少し乱暴です。このような場合、軽油代金相当額は、その返還請求の意思の有無によって、浜松商事運輸への貸付け、あるいは、浜松商事運輸への寄附として扱われるのが普通です。

調査官は、社長も経理部長もこの経理を知っていたので、返還請求の意思はないと判断して寄附金とし、社長が浜松商事運輸の役員をしていることから、社長経由で寄附がなされたことにしたのですが、社長の給与とするには無理がありそうです。

社有車以外の車検費用？

「ナンバー８１８１の車両の車検費用がありますが、社有車に８１８１はありません。どなたの車ですか」

「車検費用じゃないだろう。物損事故の修理代だと思うな。なぁ、経理部長」

「どこかで見たような、聞いたことのあるようなナンバーですね」

「経理部長はナンバーをチェックしなかったのかね」

「……」

「社長がご存じのようですね」調査官は２人のやり取りから、社長が８１８１の車両について知っていると判断します。

「……確か、家内の車です」

「社有車でない車の車検を、なぜですか」

「何かの間違いでしょう。会社に請求が来てしまったものと思います」

「奥様は、当社の役員でも社員でも株主でもありませんね」

「家内は、一切関知していません」

「そうしますと、この車検の費用相当額は、社長への給与とみなします」

「私の給与」

「そうです。社長が利益を得ていますので」

「私は利益を得ていません。利益を得たのは家内です。ですから，家内の賞与になるのではないですか」

「奥様は会社に一切関係がないですから，社長の給与です」

「私の車ではありません。家内の車です。私は利益を得ていません」

浜松商事運輸の燃料費負担では，強引とも思える調査官の主張を受け入れた浜松社長ですが，車検費用についてはこう主張します。

「どなたが車検に出したのですか」

「家内が出したものです。ですが，誤って会社に請求が来て，誤って会社が支払ってしまったものです」

「社有車は6台しかありませんので，誤って支払うとは考えられません」

「事実，このように支払っています」

「社有車でないことを承知で支払ったのではありませんか」

「経理部長，そうなのか？」

「……」

「社長はこの支払をご存じでしたね」

「知らないことはないですが……」

「本来、この車検費用は誰が支払うべきものなのですか」

「会社ではありません」

「そうではなく、社長が支払うのか、奥様が支払うのか、という質問です」

「家内が支払うべきものです」

「奥様は無収入で、社長の扶養家族です。それでも奥様が支払うべきと言うのですか」

「はあ、そう言われれば、私が支払うものです」

「そうです。ですから、社長への給与なのです」

個人的費用を会社が負担した場合、その負担相当額は社員または役員の給与とみなされます。そして、社員や役員の扶養親族が支払うべき費用を会社が負担した場合には、その負担相当額は扶養者である社員または役員の給与とみなされます。

21

修繕費その１
修繕箇所を見れば分かる？

修繕費の調査には、売上、仕入、交際費などと違う調査方法があります。

これら売上や交際費などには関係書類しか残っていませんが、修繕費には、「修繕した箇所」が残り、そこには関係書類よりも強い証拠が存在しますので、現場を確認することで、確実な調査ができるのです。

一方、企業の方は、関係書類を揃えることに神経を使いますので、現場の確認がおろそかになることがあります。経理部門のある本社と、修繕をした工場や支店が離れているような場合には、現場を見ずして、関係書類だけでの経理がなされがちです。

経理担当者も、調査官と同じ目で書類と修繕した現場を確認すれば、税務調査で指摘を受けることはないのですが、調査官には別の考えがあります。

それは、故意に修繕費が計上されたのではないか、という調査官独特の発想です。調査官は、確認ではなく、疑いの目で、修繕箇所を目視します。

WWスポーツは、インドアの会員制スポーツジムを経営する企業。広い施設と駐車場を維持するために、毎年、多額の修繕費が支出されていて、調査でもその点に話が集中しました。

修繕現場の確認

「エントランス修繕工事150万円が計上されていますが、どのような修繕をされたのか、説明いただけますか」

調査官は比較的高額の修繕費をチェックするのですが、少し前に入ってきたエントランスに修繕した様子がなかったので、説明を求めます。

「見積書や請求書にありますように、エントランス回りを修繕しました。図面はありませんが、見積書や請求書で、その内容が分かるようになっています」

経理部長は用意していたかのような返答をします。

「これらの書類だけではよく分かりませんので、現場で説明いただけますか」

「書類でお分かりいただけます」

「すぐそこではありませんか。行きましょう」調査官は先に席を立ちます。

こう言われたら、現場で説明しないわけにはいきません。経理部長は面倒なことになったと思いながら、説明を試みます。

「この辺りを修繕しました」

「この辺りでは分かりません。床はどこからどこまで、壁はどこからどこまで、天井はどこからどこまでと、具体的に示して下さい」

「床も天井も、おおよそここから、向こうまでです」

「どのような修繕をしたのですか」

「床が軋《きし》んだり、壁の色が褪《あ》せたりしましたので、直しました」

「床も天井も、全面同じ色とキズがあります。修繕をしたのは半年ほど前ですから、明らかに色の違う境目が残っているはずです」

「工務店の腕だと思います」

「床にある靴の擦れ跡もそうなのですか。境目がありません。修繕工事中の写真を見せて下さい」

　調査官の指摘のとおりです。部屋の一部を修繕すると、明らかに修繕した箇所が分かる境目が残りますので、境目がないということは、修繕をしていないということです。そして、床の擦り傷がそのままということは、床を張り替えていないということでもあります。

「写真は写しませんでした」

「工務店なら写真を写しているでしょうね。そして，どこの現場にどんな材料を運んだのかが分かる書類もあるでしょうから，工務店に照会してみましょう」

ほとんどの場合，工務店は材料の在庫を持っていません。顧客の要望が多様なので，床材も天井材も，発注があってから，現場に届けるよう問屋に注文するからです。なので，工務店にある書類を見れば，どの現場にどのような材料が納められたのかは，すぐに分かります。

「実は，それは，私の家のエントランスです。何かの間違いで会社に請求がきたものと思います」社長は観念して答えます。

「間違いであるなら，個人住宅のエントランスがスポーツジムのエントランスに変わるはずはありません。社長の方から，書類の書き換えを頼んだようですね」

調査官の指摘のとおりです。工務店に書類の書き換えを頼んで，法人に無関係の修繕費を損金計上する行為は悪質ですから，重加算税の課税対象になります。

保険金の行方

「もう一箇所，雨漏りの修繕をした従業員控室を見せて下さい」

「はい，案内します。こちらです」先ほどとは違い，経理部長は先に立って案内します。

そこは、ロッカーとテーブルが置かれた、従業員が着替えや休憩をする部屋です。天井や床を見ると、明らかに修繕した部分が分かります。

「天井はここからここまでです。床はここからここまでです。壁はクロスを全部張り替えましたので、境目はありません」経理部長は部屋に入るとすぐに説明を始めます。

もちろん、調査官にも一目で分かる修繕跡です。

「この雨漏りの原因は何ですか」

「去年の秋の台風です。強風で庇《ひさし》がめくり上がり、雨が漏ったのです」

「そうしますと、損害保険金が出ていますね」

「……雨漏りでは保険金は出ないと思います」

「保険の代理店をしているのですから、そのくらいのことはご存じでしょう」

ＷＷスポーツはスポーツジムですから、利用者の事故に備え、また利用者のために、いくつかの保険を用意していて、その代理店をしていますから、一般的な雨漏りは保険の対象にならなくても、保険の種類と損害の原因によっては保険の対象になることを知っているはずなのです。

「どの口座に入金になりましたか」ＷＷスポーツは、普通の雨漏りは保険の対象にならないので税務署には分からないだろうと、簿外の口座で受け取り、保険金を隠したのです。

「探してみますが……」

『知らない』とも言えず、かといって『この通帳です』と言って出すこともできないので、このような中途半端な答になります。

「保険会社に照会をすればすぐに分かることですから、出して下さい」

別の口座を作って保険金を受け取れば、保険金の収入を隠せるのですが、掛金の保険料の方は通常どおりに経理されていますので、保険に加入している事実は容易に分かり、頭隠して尻隠さずの状況になってしまいます。

「ヤマダクラブ、ヘイセイクラブなど、保険金以外の振込収入がありますが、これは何ですか」出された通帳を見た調査官は、こう尋ねます。

「……」

「簿外の通帳ですから、ここに入金のあったものは全額、益金の計上漏れとして扱います」

会員制とはいえ、団体の貸切利用があり、その利用料が簿外預金に入金されるであろうことは容易に想像できますので、調査官は何も聞かずにこう言い切ります。

22

修繕費その２
資本的支出との区分は超難しい？

資本的支出というと、投資先の企業の株式を買い取るようなイメージがありますが、税金の世界では、法人が所有する固定資産の修理、改良等のために支出した金額のうち、

・その固定資産の価値を高め、または
・その耐久性を増す

と認められる部分に対応する金額が資本的支出となり、損金経理することができません。

そして法人税の基本通達が挙げている資本的支出の具体例は、

・建物の避難階段の取付等物理的に付加した部分に係る費用の額
・用途変更のための模様替え等改造又は改装に直接要した費用の額
・機械の部分品を特に品質又は性能の高いものに取り替えた場合のその取替差額

この３例のみです。

引き続きWWスポーツの案件です。とにかく、資本的支出は、「物理的に付加したもの」、「用途変更」、「高性能品への部品交換」という3つの例示がなされているので、この例に当てはまらない場面で意見が食い違うことが多くあります。

機械の移設費用

WWスポーツは、バイク（自転車）とランニングマシンの向きを180度変え、窓に向くようにし、その費用150万円を修繕費で計上したのですが、これが調査官の目に止まりました。

「移設費用が150万円とは高いですね」調査官は、金額からすると新しいマシンを購入したように思われるので、そこをチェックしたかったようです。

「台数が多いですから、費用が嵩《かさ》みました。マシンの向きが変わりましたので、床には以前に置いていた跡が残っています。ジムを見ていただければ分かります」

経理部長は先回りをして、修繕費であることを強調します。

「なぜ、向きを変えたのですか」

「室内を見ているより、窓の外を見ていた方が気持ちがいいからです。お客さんからの要望が多くあり、窓向きにしました」

「利用価値の向上ということですね」

「価値は上がったと思います」

「価値が上がったのですから、資本的支出になります」

「そんな、マシン本体の価値は上がっていません」

「利用価値を上げるために支出したのですから、資本的支出です」

調査官の意見は乱暴です。「固定資産の価値を高める」というのは、このようなことをいうのでなく、固定資産本体の価値が高まることをいいます。経理部長が言うように、マシンそのものの価値は上がっていませんので、資本的支出にはなりません。

外壁の塗装費用

「建物外壁の塗装費用400万円が修繕費になっていますが、これも資本的支出です」

「外装が傷んできましたので、塗り替えました。ですので、修繕費にしました」

「建物の価値が上がっていますので、資本的支出です」

「価値は上がっていません」

「仮に、この建物を売るとした場合、塗装前と塗装後では、売値が400万円違うのではありませんか。塗装によって価値が上がったのです」

「通常の手入れです。カーテンや絨毯《じゅうたん》をクリーニングするのと同じです」

「クリーニングは数千円から数万円です。これは400万円という高額ですから、修繕費ではありません」

調査官は、まず、建物の価値が上がったことを指摘しています。確かに、外壁を塗装することによって建物の売値は上がるでしょうが、それは、購入者が外壁の塗装をすべき費用が加算されたのであって、建物の価値が上がったものではありません。

凹んだ車を直して売れば、車は凹んだままよりも高く売れますが、それをもって資産価値が上がったということはできません。仮に、この理屈を認めるとするなら、修繕費は何らかの資産価値を高めますので、すべての修繕費が資本的支出になってしまいます。

そのために、「物理的に付加したもの」、「用途変更」、「高性能品への部品交換」という例示がなされているのです。

そして、400万円という金額です。調査官には、高額な修繕費は資本的支出になるという考えがあります。

実は意外なことに、調査官以上に、この考えに凝り固まっているのが経理部長なのです。高額な修繕費は認められない、調査で否認されるのなら、いっそのこと最初から資本的支出として扱う方が面倒がなくていい、と考えているのです。

しかし、修繕費は修繕費です。何千万円でも、何億円でも、修繕費は修繕費です。少額なものだけが修繕費ということはありません。

屋根の修理代

「屋根の修理代がありますが、これはどこの屋根ですか」

「先ほど見ていただいた、従業員控室の上の屋根です。しばらくブルーシートで覆っていたのですが、いつまでもそのままというわけにはいきませんので修繕しました」

「台風でめくれ上がった所ですね。あそこは、せいぜい3平方メートル位でしたが、請求書を見ると、20平方メートルとあり、面積が大きく違います」

「強風でめくれ上がりそうな所をすべて直したのです。同じ事が生じたら大損害ですから」

「実際にめくれた箇所を直すのは修繕費ですが、それ以外の箇所は修繕費ではありません」

「結果的にめくれ上がった所は狭かったですが、風に煽《あお》られて傷んだり緩んだりした所がありますので、修繕費です」

「20平方メートルは広すぎます」

「庇の大部分が強度不足となってしまったので、その部分を修繕したのです」

「新しくしたということですね」

「修繕したことと、新しくしたことは違います。これは修繕です」

「資産価値が上がり、耐用年数が延びましたから、資本的支出です」

「耐用年数は延びていません。本来の耐用年数になっただけです。穴の開いた屋根を修理するついでに、弱っている箇所や強度不足となった箇所を直したものが、なぜ修繕費にならないのですか。屋根の全部を張り替えたのではないのですよ」

経理部長の言うとおりです。台風でめくれ上がった部分だけが修繕の対象になるのではありません。その周囲も傷んだり緩んだりしているはずですし、屋根を覆う構造体によっては広い範囲で張り替える必要があります。

しかし、第三者（調査官）には修繕内容の詳細が分かりませんから、このような場合には、どの部分をどう修繕したのかが分かる請求書と、その状態を写した写真を写しておくことが望まれます。

23

修繕費その３
数値的区分は最後の手段？

とにかく、修繕費と資本的支出の区分には難しいところがあります。

「修繕費はどこまで行っても修繕費」と割り切れればいいのですが、そこには、企業としては、少しでも多く損金で落としたいという考えが働き、資本的支出の部分まで修繕費にしたがる傾向があり、一方、調査官としては、できるだけ調査の実績を上げたいと考え、高額の修繕費を資本的支出にしたがる傾向がありますので、さらに、区分が難しくなっているのが現状です。

つまり、修繕費と資本的支出の区分は色々な要素があって難しいということで、法人税の基本通達はさらに、両者の区分が明らかでない金額がある場合には、その金額が、

・60万円に満たない場合、または

・修繕に係る資産の取得価額の10％以下

である場合には、修繕費として損金経理できる、としています。

今回もWWスポーツの案件です。資本的支出との区分が難しい場合の処理の方法があるようです。

60万円以上が資本的支出というわけではない？

WWスポーツは温水プールを持っており、その維持管理には、毎年多額の費用を要しています。

「循環ポンプ交換80万円という修繕費がありますが、これはどのような内容でしょうか」

調査官は修繕費の元帳を見ながら尋ねます。

「温水プールですので、加熱のためや、濾過殺菌《ろかさっきん》のために、プールの水を循環させています。そのためのポンプです」

「80万円と高額ですので、資本的支出として扱います」

法人税基本通達に「60万円に満たない場合には修繕費として経理できる」とありますので、調査官は最初からこう言います。通達は、修繕費と資本的支出の区分が明らかでない場合のことについて規定しているのですが、「修繕費は60万円まで」という数字が一人歩きしているのです。

これは、調査官にもありがちな誤りなのですが、経理部長の方にも、60万円で区分していれば税務署に指摘されることはないという誤った考えがあります。

修繕費と資本的支出は金額で区分するのではありません。その修理改良の内容によって区分されなければなりません。何千万円、何億円でも、修繕費は修繕費です。

「この時代、ポンプそのものを分解して修繕することはありません。電球を交換するように、ポンプを交換するのです。ですから、これは修繕費です」

「耐久性が増したではありませんか」

順序が逆です。修繕費か資本的支出かの判断は、数値的なことよりも前に、耐久性のことから始めなければなりません。

「プール全体の耐久性は増していません。水の循環装置だけを捉えても、耐久性は増していません」経理部長はポイントを押さえています。

「80万円という、新品のモーターですから」

「ラップトップ・パソコンの液晶画面が壊れた場合、液晶画面を入れ替えることになりますが、その費用は修繕費でいいですよね。ラップトップ・パソコンの耐久性には変わりはないという理由からですね」

「ラップトップは安いですが、このポンプは80万円です」

調査官の指摘内容はあちこち揺らいで、80万円と言ったり、耐久性が増したと言ったり、また80万円に戻ったりしています。

反面、経理部長の方は、耐久性は増していないから修繕費であるとして、その主張は揺らいでいないのですが、経理部長は、最後にこう言います。

「プール全体の取得価額と比べても、循環装置の取得価額と比べても、ポンプの修繕費の比率は微々たるものです。取得価額の10％以下です」

支払った金額が、修繕をした設備の取得価額の10％以下であるなら、修繕費で経理できると通達にあるからです。

調査官が「60万円」を超していると言うので、経理部長も「取得価額の10％以下」であると反論したのですが、ここで重要なのは、根本的に修繕費なのか資本的支出なのかという判断です。経理部長は10％という数値を出してしまいましたが、その数値以前に、修繕費なのか資本的支出なのかの判断がなされなければなりません。くどいですが、何億円であっても修繕費は修繕費です。修理改良のために要した費用の額のうちに、修繕費であるか資本的支出であるかの区分が明らかでない金額がある場合に、60万円や10％の区分金額が設けられているのです。

「取得価額の10％以下」と言って調査官を納得させたのは良かったかもしれませんが、このようなことがあると、社内では、「取得価額の10％以下」が修繕費になるという考えが優先してしまい、本来の、修繕費と資本的支出の区分が忘れられてしまいますので注意が必要です。

そして、最後の最後にもう一つの区分方法

WWスポーツには独身者用の社員寮があり、状況に応じて、各部屋のリフォームをしています。畳をフローリングにしたり、小さな流し台を付けたり、時には一部をロフトにしたりと、若い社員の希望に合わせるようにしています。

「社員寮の修繕で、領収書がないと思われる支払があります」

「社員寮のリフォームは、工事費の30%を修繕費とし、残り70%を資本的支出として経理していますので、領収書は、この合計額になっています」

修繕費であるか、資本的支出であるかが明らかでない場合には、

●支出金額の30%　あるいは

●その修繕等に係る資産の取得価額の10%

のいずれか少ない金額を修繕費とした場合には、この経理を認める、という法人税基本通達があります。

社員寮のリフォームでは、フローリングにしたり小さな流し台を付けたりしていて、修

繕費と資本的支出が混在していますので、この通達によって、3対7に区分して経理をしたのです。

「この区分方法は、いつから採用されていますか」

「前々期からです」

「前期では、建物等の資産が増加していませんので、この区分方法は採用していないように思えますが」

「前期は、社員寮のリフォームはありませんでした」

「この規定は、継続適用が条件になっています。ですから、今期のも、前々期のも、経理を認めることができません」

「継続はしています。前期は区分が明らかでない支出がなかったので、比率による区分をしていないのです」

「1年おきで、2回目ですから、認めることはできません」

この比率による区分は、継続していることが条件になっているので、調査官はこう言うのですが、『継続』には初回があり、2回目があるのですから、始めたばかりだから継続していないと言うのは乱暴です。また、該当の支出がなければ継続しないのは当然のことですので、間が開いたことをもって、継続していないとすることはできません。

24

資産の取得価額その1
付随費用は即経費で落としたい？

「固定資産の取得費」というと、物々しい感じがしますが、これを簡単に言えば、「買った値段・金額」ということです。

例えば、乗用車を購入した場合、車両本体の他に登録手数料やら自動車税やら強制保険料やら、色々な費用がかかってきますので、車両本体の価額で乗用車を買ったという認識はないと思います。固定資産（土地や建物）の場合も同様で、測量費やら、登記料やら、不動産仲介料などの費用がかかりますので、何と何をもって取得価額（買った金額）にするかが問題となります。

ここでも、一円でも多くの経費を損金で落としたいという企業側と、少しでも課税価額を増額したいと考える調査官との間で、意見の食い違いが生じます。

そして、そこには、コンピューターシステムのように、どこからどこまでが本体（資産）なのかという、この時代ならではの問題点も生じています。

安倍川観光は、観光バスとタクシーを運行する企業。社員駐車場が狭くなったため、近くに土地を購入して、半分を駐車場、残り半分に太陽光発電のパネルを設置しました。

一旦計上した取得費

「土地勘定の元帳を見ますと、登記費用、登録免許税、不動産取得税などが計上されていながら、決算仕訳で、これらが損金勘定に振り替えられていますが、なぜ、このような仕訳になっているのですか」土地勘定の貸方欄を見ながら、調査官は尋ねます。

「土地の取得にどれだけの資金を要したのかを知るために、関連付帯した支払を、土地勘定で経理しました。そして、決算時に損金で落とせる費用を振り替えました」経理部長は何ら問題はないでしょうとばかりに答えます。

「土地勘定で経理したものを、後になって減額することはできません」

「ですから、全体の費用を見たいがために、取りあえずの支払を土地勘定に集めたのです」

「土地勘定に経理したものは、土地勘定です」

「何年も後になって、土地勘定を減額したのではありません。決算前に、本来の勘定に振り直したものです」

「土地勘定に含めたものですから、減額はできません」

法人税基本通達には、これらの費用は取得価額に含めないことができると書かれていますので、一旦、取得価額に含めたものは変更できないという、この調査官の主張は少し乱暴です。確定した決算の土地勘定を、翌期以降に「含めないことができる」という理由で減額したのではなく、決算期末に「含めないことができる」費用を振り替えたのですから、何ら問題はありません。

整地費用

「太陽光パネルの取得費の中に、凹地の補修費というのがありますが、これは土地の取得費になるものと思います」

「地盤が凹んでいると、太陽光パネルの基礎が置けませんので、基礎を中心に凹地の補修をしたものです」

「凹地を均《なら》す費用は、土地の取得費になります」

「太陽光パネルを設置するための費用ですから、パネルの取得費になります」

土地は減価償却できませんが、太陽光パネルは機械及び装置として減価償却できますので、経理部長の意見と調査官の意見が対立するのです。

「土地を均していますから、土地の取得費です」

「太陽光パネルを設置しなければ、土地はそのままですから、パネルの取得費です」

太陽光パネルを設置しなかったら、土地の凹地はそのままだった、という経理部長の主張には一理ありそうにみえますが、土地を均しているという調査官の主張が合っています。

「凹んだ所の基礎を長くて大きな物にすれば、太陽光パネルの取得費になったのですか」

「そのとおりです」

「だったら同じではありませんか。基礎を大きくするか、凹地を埋めるのか、当社は安い方を選択しただけで、結果は同じです」

「仮に、大きな基礎の太陽光パネルを撤去したとすれば、土地の凹みは依然として残りますが、土地を均した後のパネルを撤去したとすれば、平らな土地が残ります。平らな土地イコール、価値が上がった土地です。ですから、凹地の補修費は土地勘定になります」

調査官の言うとおりです。整地費用は土地勘定になります。大雨などで流れたり凹んだりした土地を均すのは、修繕費等で損金経理することができますが、購入時から凹んでいた土地を整地する費用は、土地勘定になり、損金経理することはできません。

一組という単位

「消耗品費の中に、パソコン4台がありますが、見せていただけますか」

「パソコンの中を見るのですか」

「そうではありません、実物を見たいのです」

調査官はこのように言って、事務室にあるパソコンを見て回ります。

「同じパソコンが4台。確かにありますね」

調査官がパソコンを確認するにはわけがあります。パソコンの台数を水増しして、取得単価を下げ、資産計上せずに消耗品費で損金経理する手法があるからです。例えば、1台50万円のパソコンは資産計上しなければなりませんが、取得費が30万円未満であれば損金に算入することができますので（一定要件あり）、台数を増やしたことにして、取得単価を下げるのです。

「プリンターとか、スキャナーとか、一緒に購入したものはありますか」

同様に、パソコンの購入価額を下げるために、パソコンの周辺機器を高く買ったようにする手法がありますので、調査官は同じ時期に購入した周辺機器の購入単価をチェックします。

例えば、35万円のパソコンと3万円のプリンターを購入した場合に、パソコンの単価を29万円とし、プリンターを9万円として、パソコンを消耗品費扱いにするのです。

「ところで、この4台のパソコンはＬＡＮケーブルで繋がれていますので、一組のパソコンと考えられます」

調査官は別の角度から指摘を試みます。例えば、応接セットのように、テーブルとソファーで構成される物は、テーブルやソファー一つひとつの価額ではなく、応接セット全体の価額で、資産（什器備品）であるか消耗品であるかの判断をします。ですので、消耗品扱いしたパソコンを一体の物として扱えば、損金算入を否認できますから、調査官はこう言うのです。

「パソコンは、それぞれが単独で動いています。確かにＬＡＮケーブルで繋がっていますが、それはプリンターを共有しているためのものです」

「プリンターを中心にして繋がっているということではありませんか」

「繋がってはいますが、ＬＡＮケーブルがなくても、パソコンは動きますので、一組で使っているという認識はありません」

経理部長の反論のとおりです。調査官の指摘は乱暴です。

突然ですが、「おとり脱税」という話を聞いたことがありますか。先ほどのパソコンの資産計上の際に、この「おとり脱税」が行われることもありそうなので、チョット寄り道していきましょう。

●おとり脱税

「囮」と書いて、おとり。鳥獣を誘い寄せるための獲物、というところから、他の者を誘い込むための手段を「おとり」と言うようになったようです。

では、「おとり脱税」とはなんでしょう。税務調査を誘い込むための脱税、ではありません。税務調査を早く終わらす目的で、見つかりやすい脱税を仕組んでおくことをいいます。

税務調査については「痛くもない腹を探られる」、「まるで脱税者扱いされる」、と言われるように、歓迎される存在ではありませんので、おとり脱税を見つけてもらって、早いところ一件落着にしたいと思っている企業が少なくないのです。

経理と税務調整がしっかりとできていれば、税務調査を怖がる必要はないのですが、いつ終わるともなく続く調査、疑いの目で見られる帳票などなど、税務調査を受けていると胃が痛み寿命が縮まる思いがするものです。

中には、完璧を目指して完璧にすればするほど税務調査が長引いて疑いの目が厳しくなるという声もあるほどで、どこかにほころびがある方がいいのではないかと思うのです。

典型的なおとり脱税は、新規購入資産を消耗品費で落とす方法です。例えば、50万円のコンピューターを30万円未満の場合と同じように消耗品費で経理すると、その金額の大きさから調査官の目に止まり、その内容がチェックされて、償却超過として否認対象が1つできたことになりますから、否認対象が全くないときよりも調査官は調査を終了しやすくなるというわけです。

また、在庫（棚卸資産）の集計を1項目落とすという方法もあります。10項目ある在庫の内の1つを集計から外すのですが、関係書類を隠すと悪質な脱税になってしまいますし、見つけてもらえない可能性もありますから、書類はそのままで、総合計で誤って洩らしたように記載するのです。

おとり脱税を仕掛けた場合と、そうでない場合との調査時間の差はあるのか、ということについては、残念ながらデータはありませんが、周囲の話を総合しますと、おとり脱税があった場合の方が早く調査が終わっているようです。

しかし、調査官がおとりに気づかないのかというと、そうではありません。気づかない調査官であれば調査も早く終わるのでしょうが、おとりに気づいた調査官は、何か重大な脱税を隠しているに違いないと判断し、かえって日数を延長して深い調査をするようですので、逆効果のこともあるようです。

25

資産の取得価額その２
立退料や取壊費用は取得価額？

立退料と取壊費用も誤解が多い項目です。

ある人は「土地の取得価額になる」と言い、ある人は「借地権になる」と言い、また「損金で落とせる」と言ったりします。

いずれも、ご当人は経験したことを話しているもので、間違いではないのですが、これこれこういう状況下で立退料を支払った、という前提なしで話がなされる傾向がありますので、それが誤って受け取られ、流布していくようです。

さらに、立退料は支払う側の問題だけではなく、受け取った側の経理や税務上の扱いもありますので、支払側と受取側の扱いが入り乱れることになり、わけが分からなくなります。これは、立退料に限ったことではなく、諸経費でも同じことが生じているのですが、立退料は金額が大きくなりますので、その経理を誤ると大きな税負担になって返ってくることがありますので、注意が必要です。

川中不動産は、繁華街や住宅地のわけあり不動産を購入して、立体駐車場やワンルームマンションを建築して賃貸する企業。わけあり不動産といっても、怪しげな企業ではありません。素人では手の出しづらい、抵当権がいくつも付いた土地や、借地者や借家人がいるために売却や購入が難しい物件を時間をかけて入手しているものです。

立退料《たちのきりょう》は土地の取得価額に算入すべき

「立退料の支払があり、その全額が損金に計上されていますが、この立退料は、どの土地に関するものですか」調査官は、立退料の支払に着目して質問します。

「仲町一丁目の土地の立退料です。小さな木造の家がありました」経理部長が答えます。

「仲町一丁目の土地は、購入したばかりですので、その立退料は損金経理できません。支払った立退料は土地の価額に算入すべきです」

「前期に購入した土地です。立退料は今期に支払ったものですから、損金算入できると思います」

「支払時期がずれていても、仲町一丁目の土地の取得という目的は1つですから、立退料を別扱いすることはできません」

「結果的には、立退料を支払うことになりましたが、最初からそう予定していたのではありません」

「借地権者がいる土地をなぜ購入したのですか。最初から立ち退かせる予定だったのではありませんか」

「違います。結果的にそうなっただけです」

経理部長は、法人税の基本通達に「土地の取得の際に支払う立退料は土地の取得価額に算入する」とあるのを知っていて、こう答えているようです。土地の取得の際に支払ったのではなく、後日、状況が変わって立退料を支払ったのだから、損金に計上できるはず、と言っているのです。

調査官も、経理部長が、購入の後に状況が変わったように見せかけていることは分かっているのですが、決め手に欠けています。

「仲町一丁目の土地を購入する際に銀行から融資を受けていますが、その時の借入申込書を出して下さい」

融資申込書には、土地の購入目的が書いてあります。つまり、このように土地を活用するので、その収入から返済することができます、などと書かれています。

「融資申込書に、木造の建物は立ち退かせて取り壊し、機械式駐車場を建設する、と書いてあります。最初から立ち退かせることを計画していましたので、この立退料は土地の取得価額になります」

経理部長がどう言おうとも、会社の計画は残っているものなのです。

また、立ち退いた後の建物を取り壊す費用も、この土地の取得価額に算入されます。いずれも、旧地主（売却側）が立退きや取壊しをしてこの土地を引き渡したとすれば、当然にその費用相当額は売却する土地の価額に上乗せされるからです。

従前から所有している土地にある建物の取壊費用は損金?

「岸町二丁目の、建物の取壊費用ですが、これも購入した土地ですか」

「いいえ、そこは、古くから当社が所有する土地と建物で、いわゆるアパートがありましたので、これを取り壊して、鉄骨のワンルームに建て替えました」

「そうですと、アパートの取壊費用は、ワンルームの取得価額に算入されます」

「これは、当社の建物で、第三者に影響を与えるものではありませんので、取壊費用はそのまま損金に算入できると考えます」

「ワンルームを取得するために取り壊したものですから、この取得価額になります」

先の仲町一丁目の例では、立退料や取壊費用が土地の取得価額となったので、ここでも、調査官は新しい建物の取得価額になると主張します。

「ワンルームを建てなかったら、この取壊費用はどうなるのですか。新しい建物はありませんから、加算しようにも加算できないではありませんか」

「実際問題として、ワンルームを建てるために取壊しをしていますから、ワンルームの取得価額に加算となります」

「取壊しをしてもしなくても、ワンルームの建築費は同じです。先ほどの土地の購入費と同じに扱わないで下さい」

経理部長の主張すべきところはここです。アパートの取壊しが、ワンルームの建築費（取得価額）に影響を与えたのか否かが、判断の基本です。先の、土地を購入した場合の立退料や取壊費用は、購入した土地の価額に影響するので、取得価額に算入されるのですが、このアパートの取壊費用は、ワンルームの価額に影響を与えませんので、損金に算入することができます。

負担した固定資産税相当額は租税公課にならない？

「租税公課の中に、固定資産税の支払先が『㈱ナカムラ』となっているのがありますが、これは、土地購入の際の割振りではありませんか」

「そのとおりです。契約で、固定資産税を割り振ることになっているものです」

「土地の購入の際に支払った固定資産税相当額は、土地の取得価額になります」

「固定資産税です。契約書にもそう書いています」

「契約書はどうあれ、土地の取得価額です」

「この契約書は、宅建協会が制定した契約書です。その契約書で固定資産税を、引き渡しの時点で日割りする、と決めているのです」

「固定資産税と名が付いていても、売買代金の一部をなすものです」

「売買代金ではありません。㈱ナカムラを通して、納税されています」

「固定資産税は、その年の1月1日の所有者に納税義務がありますから、川中不動産は納税義務者ではありません。したがって、租税公課とはなりません」


確かに、固定資産税を日割りで分担する旨が契約書に書かれますが、これは、固定資産税相当額であって、税金である固定資産税ではありませんので、売買代金の一部、すなわち土地の取得価額に算入すべき金額となります。

26

資産の取得価額その３ 土地と建物の区分方法は何通り？

固定資産の取得価額には色々なものが含まれ、同じ費用でも購入時などの条件によってその扱いが異なり、取得価額の判断には難しいところがあるのですが、同時期に購入した土地と建物の価額の割振りにも難しい問題があります。

それは、建物の価額を大きくすれば、その後の減価償却の計上を大きくできると考える企業側と、その逆で、建物の価額を小さくすれば減価償却費の過大計上で追徴課税ができると考える調査官との立場が異なるからです。

100万円で購入した土地と建物の場合、建物を50万円としても、10万円としても、その減価償却費ですから、課税価額に大きな影響はないのですが、これが１億円とか10億円となってくると、減価償却費も大きく異なってきます。

また、売手側としては、建物の売却価額を小さくすると消費税の課税価額が下がるという事情がありますので、契約書の記載が曖昧になる傾向があります。

引き続き川中不動産。土地付建物を購入した場合には、土地と建物の区分で面倒なことになることが多いようです。消費税や減価償却を考えれば、とにかく、建物の価額を高くしたいのですが、そう簡単にはいかないようです。

土地付建物の土地と建物の取得価額は売主と買主で180度違う?

「部長。竹中商事から購入した土地付建物ですが、土地と建物に区分しなければなりませんが、どうしたらよろしいですか」経理部の若い社員は経理部長に尋ねます。

「自分で考えたらどうだ」

「契約書に消費税額が書かれていれば、そこから逆算できるのですが、書かれていませんので、お手上げです」

「教科書どおりにはいかないのが仕事だ」

「売主の竹中商事に聞いてみましょうか。先方でも売値を土地と建物に区分しているはずですから、売主に聞くのが簡単ですね」

「売主には売主の事情がある。こちらにもこちらの事情がある。分かるか、消費税だよ。土地の売買は消費税が非課税だが、建物には課税になる。だから、売主は建物の価額を小さくしたい。だが、買主の当社としては、課税仕入れを大きくしたいから、建物の価額は大きい方がいい。そういうことだ」

「売主と買主とで、建物の価額が違っていいんですか」

「良いも悪いも、竹中商事がどう経理してどう申告するのかは、我々には分からない」

若い社員の心配はもっともです。売主と買主とで建物の価額が違うのはおかしいです。しかし、契約書に建物と土地の価額を明示しない限り、売主と買主の区分価額は異なることでしょう。

経理部長が言うように、売主と買主とでは、消費税の課税が正反対になりますので、売主は建物を安く、買主は建物を高くしたがりますし、買主は減価償却費を損金計上できますので、さらに建物の価額を高くしたがります。

時価と按分の要素

「どうしたらいいのですか」

「時価で区分したらどうだ」

「時価ってなんですか」

「現在の価額、取引した時の価額だ。営業に行って聞いてきなさい」

若い社員はこう言われて、営業部へ行って竹中商事から買った土地付建物の時価を聞いて回るのですが、これといった明確な答は返ってきません。

「皆さん、土地と建物は区分して取引できない。土地と建物の両方を合わせて、買った値段が時価だと言っています」

「そうだよ、不動産とはそういうものだ。別々に値段は付けられないものだ」

「そうは言いましても、区分しないわけにはいきません。公示地価は時価に近いそうですから、これで土地の値段を出してもいいですか」

「建物に変な金額が残っても知らんぞ」

経理部長はすでにこの計算をしているようで、建物の価額が桁違いの数字になると言っています。

「それでは、標準的建築価額から建物の価額を出して、公示地価の価額と按分するというのはどうでしょうか」

「按分するという考えはいいが、水と油を一緒にするようなもので、説得力がない。出所や用途の違う要素を基礎に按分するのはだめだ」

標準的建築価額というのは、個人の譲渡所得の取得価額とすべき金額が、総額では分かっていながら、土地と建物の区分ができていない場合に、建物を建築した年と面積から計算できるように、国税庁が公表している数字です。住宅ローン控除でも、同様の場合に使うことができます。しかし、経理部長が言うように、目的や用途が違う2つの要素で按分しても説得力のある数字にはなりません。

固定資産税評価額で按分？

「分かりました。そうであるなら、固定資産税の評価額で按分すればいいんですね。これなら、出しているのは同じ役所ですし、使用目的も同じですから」

「計算ができたら、答を見せてくれ」

やはり経理部長は、この計算もしているようです。

「納得できない変な数字になりました」

「何が納得できないんだね」

「建物の価額が小さくなりすぎました。常識的に見て、おかしいです」

「君の常識がおかしいのかも知れないぞ」

「いえ、この数字は誰が見てもおかしいと言うはずです」

「時価にはほど遠いということだね」

「そうです」

「だったら、君が思っている建物の時価はいくらなんだね」

「え……それは分かりませんが、この数字ではないと思います」

固定資産税の評価額で按分するのは、確実な方法の1つと言われていますが、建物が古い場合には、評価額が小さくなっているために、桁違いの数字になりがちです。

土地と建物の総額から、この方法で計算した建物の価額を差し引くと、土地の価額が公示地価を大きく上回るのです。これでは按分の意味がありません。

「やはり、部長がおっしゃる時価なんですね……」

「時価が見えてきたようだね」

不動産鑑定士の評価

「不動産鑑定士に評価を頼んだらどうでしょうか」

「鑑定士の手数料を君が払うならかまわないよ」

「ええ〜〜」

「冗談だよ。不動産鑑定士にも色々いる。売主に向いている人も、買主に向いている人も、税務署に向いている人もいる。刑事事件で、精神鑑定をする場合、検察側と弁護側の鑑定が違うことがあるだろう、あれと同じだよ」

「どうにでもなるということですか」

「そうは言っていない。不動産鑑定士の評価だから問題は生じない、ということにはならない、ということだ。第一、不動産鑑定士なしで、竹中商事の物件に値を付けて買ったのだから、営業部は不動産鑑定士なみの評価をしたということだ」

「やはり、営業部で聞くべきですか」

「しかしな、営業部は、運用利回りで買値を評価したはずだから、土地と建物を区分してはいないはずだ。不動産鑑定士も同じような評価方法を採ることが多い。不動産鑑定士といえども、土地と建物を別々にして評価はできないと思う」

「どうしたらいいんですか」

「時価だよ。税務署の言う時価だよ」

税務署の立場

「先ほど部長は、竹中商事の申告のことは分からないとおっしゃいましたが、先方と数字が違っても問題はないのですか」

「違っていたら、竹中商事の申告を直してもらえばいいだろう」

「それで済みますか」

「仕事に自信がないから、そんな心配が起きるんだ。正しいと思って経理をすれば、税務署は文句を言わないよ」

「税務署は、当社と竹中商事の数字が違うと分かった時、どうするのですか」

「そのような場面に遭遇したことはないが、根拠のある数字であれば、認めると思うよ」

双方の区分した数字が異なっている場合に、どちらかの数字、あるいは税務署独自の数字にして更正処分をした、という情報はありません。経理部長の言うように、区分の根拠がしっかりとしているものに、税務署はあえて手を加えないようです。仮に税務署が手を加えるとするなら、納税者が納得できる区分方法を示さなければなりません。

しかし、消費税では、売主の課税売上は買主の課税仕入れですから、双方の数字が大きく異なる場合には、その原因を念査して調整を図ることになるでしょうが、これは消費税の仕組みそのものの問題でもありますので、容易ではないと考えます。

土地と建物の取得価額の区分方法には、公示地価（路線価）を基にする方法、固定資産税の評価額で按分する方法、不動産鑑定士の評価を用いる方法、などがありますが、桁外れの数字でなければ、いずれでもかまいません。

要は、区分の根拠をしっかりさせておくということです。仮にその数字が、自社にとって有利な数字であったとしても、それはかまいません。

27

資産の取得価額その4
目に見えない在庫って？

在庫と言われて、思い浮かべるのは倉庫でしょうか？　倉庫に積み上げられている商品の山が卸売業の在庫で、フォークリフトが動いている倉庫を思い浮かべたりします。在庫には倉庫というイメージがついてまわるのですが、それでは、ソフトウエアの販売業の在庫は何でしょうか？

倉庫にある、パッケージされた箱が在庫でしょうか？　仮にこれらのパッケージが全部売れたとしたら、在庫はゼロになるのでしょうか？

倉庫が空になっても、CDにプログラムを入れれば、商品として売ることができます。原価50円ほどのCDにプログラムを入れると、数万円で売れるのですから、どこかに在庫がないと変なことになりそうです。

私たちには、在庫というと目に見える物という感覚が強いですが、時代の変化により、目に見えない在庫が出てきたのです。

佐々木刃物は、鋏《はさみ》、包丁、鍋、フライパンなどの金物を製造販売する企業。小さな町工場で販売力がないため、廃業の危機にさらされたのですが、若者の会社訪問でネット販売する道が開けました。

見えないソフトウエアを作るより、目に見えて手で触れられる鉄製品を作りたいという若者を採用したからです。

ホームページの制作費用

「2年ほど前にホームページを制作されていますが、ホームページは更新されていますか」調査官は佐々木刃物のホームページを見て来たと言い、その感想の後でこう尋ねます。

「当社にはホームページを更新できる者がおらず、業者に更新を依頼しようとしたのですが、一文字いくらとか、1ページいくらとか、高いことを言うので、そのままになっていました」経理部長が答えます。

「更新していないホームページは減価償却しなければなりません」

「ホームページの制作費用は、損金算入できるはずですが」

「それは、更新されている場合のことです。更新のないホームページは野立て看板と同じですから、償却の対象となります」

「ＩＴが詳しい社員が入りましたので、今は更新しています」

「更新した記録を見せて下さい」

「記録と言いますと」

「何月何日、どこを加筆したとか、どこの画像を替えたとか、記録が残っているはずです」

「そのような書類はありません」

「担当者が勝手に書き替えているのではないでしょう」

「社長や専務が、口頭で伝えて直しています。ですので、記録とか決裁文書はありません」

「更新が確認できないものは、償却となります」

少々強引ではありますが、調査官の言うとおりで、更新されていないホームページは野立て看板のようなものですから、無形減価償却資産として償却しなければなりません。耐用年数は更新しなかった期間なので、あらかじめ更新しない期間を定めて償却するということはあり得ませんので、調査の時にのみ、このような扱いが出てきます。

「ＩＴ担当の杉山に聞けば、更新の記録が分かるかも知れません」

ホームページの更新記録は、掲載されるネットに残されますので、更新の事実は簡単に分かります。また、最初に納品された時のホームページの内容は納品時のＤＶＤに記録されていますので、その内容と現在のホームページを見比べれば、更新の有無は簡単に分かります。

更新されているホームページの制作費用は、一時の損金として経理することができます。

自社で制作したソフトウエア

「無形固定資産としてソフトウエアが載っていますが、これはどんなソフトなのですか」

「ネット販売用のソフトで、ＩＴ担当の杉山が作成したものです」

「ホームページのように、外注ではなかったのですね」

「外注は高いですし、たまたまＩＴの知識を持った社員が入りましたので、当社製品のネット販売を始めました」

「無形固定資産に振り替えた内容を教えて下さい」

「当社は、ＩＴ業者ではありませんので、細かな計算はしていません。ＩＴ担当の杉山の給料の6カ月分を振り替えました」

「杉山さんは、2年前に入社されています。なぜ給料の6カ月分なのですか。2年分なのではありませんか」

「入社してすぐに制作を始めたのではありません。ホームページを更新するとともに、工場の中の仕事を覚えてもらいました。工場の中を知らずして、ホームページはいじれませんからね」

「いつから、ネット通販の構築に入ったのですか」

「杉山のために新しいパソコンを入れましたので、その頃からです」

「そうすると、1年前ですね」

「毎日がその作業ではありません。気分転換も必要ですし、工場が忙しい時には製造の作業もさせていましたから、杉山の給料1年分全部が無形固定資産とはなりません」

「なぜ6カ月分なのですか」

「試行錯誤を経て、やっと、この基本でいいだろうとなったのが、6カ月前ですので、それからの費用を無形固定資産にしました。それまでは研究開発費と考えます」

調査官の指摘にも同意できるところがありますし、経理部長の説明にも同意できるところがあります。ソフトウエアの取得費はどこからどこまでなのか、という判断では意見が分かれがちです。経理部長は、基本ができるまでは研究開発費として損金経理できると言い、調査官は基本があってこその完成品だと言っているのです。

この議論を、逆から考えてみますと、6カ月前の時点でネット通販のソフトにはならないと判断していたのなら、それまでの費用は無形固定資産になりようがありませんので、経理部長の主張に分があります。

「杉山さんの社会保険料で会社が負担すべき金額は、無形固定資産に加算されていますか」

「そこまでは計算に入れませんでした」

「その他の福利厚生費はどうですか」

「福利厚生費もですか」

「原材料、労務費、諸経費などすべてがソフトウエアの取得費になります」

「6カ月分ということですね」経理部長は妥協点を探ります。調査官が言う1年分であるなら、もう少し頑張ってみようと思うのですが、6カ月分であれば大した金額にはならないからです。

「6カ月前からの開発ということで考えますが、新たに購入したパソコンの減価償却費や消耗品費、電気料金なども加算して下さい」

小さな点にまで話が及びますが、これが教科書どおりの扱いです。

なお、自社開発のソフトウエアの耐用年数は5年です。

28

広告宣伝用資産なら受贈益はなし？

街を歩いていると、コンビニやコーヒー店、ファーストフード店、カメラ専門店などのロゴを車体に大きく書いたトラックを見かけることがあります。

どこのトラックなのかとよく見ると、運転席の後ろの柱に、運送会社の名が書かれていますので、コンビニなどから委託を受けた運送会社のトラックだと分かります。

すると、あの車体に大きく書かれたロゴは何を意味するのでしょう。

コンビニのロゴを付けたままで、ファーストフードやカメラ専門店の荷物を運ぶことはできないと思われますので、運送会社の車両とは考えにくいところがあります。

車両はコンビニの物で、運転手と配送が運送会社持ちになっているのでしょうか。

それとも、車両は運送会社の物で、車体にロゴを書くことで何がしかの手数料をもらっているのでしょうか。

税務調査では、このようなところもチェックの対象になります。

悠々病院は、複数の診療科をもつ医療法人。製薬業界から色々な資産の提供を受けていて、それが税務調査で問題となりました。

待合室のテレビはどん帳より広告宣伝用資産らしい?

「待合室にテレビがありましたが、固定資産台帳に記載がありません。なぜですか」病院内を見て回った調査官はこう質問します。

「それは、製薬会社から提供があったもので、無償ですので、固定資産としては扱っていません」経理部長が答えます。

「大型のテレビが2台ありますから、資産に計上しなければなりません」

「購入したのではありませんので、金額も相手勘定も存在しません」経理マンらしき答ですが、的を射ていません。

「金額は市場価格の3分の2、相手勘定は受贈益（営業外収益）です」

「これは、製薬会社が、広告宣伝の目的で設置したものですから、当病院の利益にはなっていません」

「これらのテレビを購入すれば、それなりの金額がかかります。それが受贈益です」

「当病院では、待合室にテレビを設置することは考えていませんでしたから、受贈益という認識はありません。勝手に製薬会社が、広告宣伝のために置いていったものです」

「受贈益、すなわち経済的利益がない広告宣伝用資産として扱えるのは、看板やネオンサイン、どん帳のようなものに限られます」

「どん帳ですか、あの劇場にあるどん帳ですか。劇場にあるどん帳は、客席と舞台とを分ける基本的に重要な備品です。広告宣伝のためのものではありません」

「提供者の社名が書かれていますので」

「どん帳の隅に、社名が小さく書かれているだけです。そうであるなら、待合室のテレビにも「贈・ウサギ製薬」と書いたプレートが貼られていますから、どん帳と同じではありませんか」

調査官の主張には、法人税基本通達という根拠があります。看板やネオンサイン、どん帳のように専ら広告宣伝の用に供されるものは、受贈益の対象にしないという規定です。したがって、これらに該当しないテレビは受贈益の対象になるというのです。

一方の経理部長は、どん帳が広告宣伝用の資産であるなら、テレビも同じ扱いでいいはずと主張しているのです。

「テレビは広告宣伝用の資産ではありません」

「どん帳は開幕前の数分しか観客の目に入らないではありませんか。待合室のテレビは、社名が入ったプレートとともに、何時間も患者の目に入っています。テレビの方が宣伝効果があります」

法人税の基本通達が、どん帳を看板やネオンサインと同じで広告宣伝用の資産とした理由は分かりませんが、どん帳とテレビを比べるなら、経理部長の主張に分があります。ずいぶん長い間改正されていないのでしょう。

院内ロボットは広告宣伝用資産？

「病院内の廊下でロボットを見ましたが、あのロボットは何をしているのですか」

「看護師に代わって、簡単な物を運んでいます」

「固定資産に計上されていないようですが」

「ロボットも、製薬会社が置いていったものですから、資産計上していません」

「病院内で使っているものですから、受贈益を計上すべきです」

「受贈益と言いましても、最新のロボットですから、値段の見当もつきません」

「製薬会社に問い合わせて下さい。ロボットメーカーから購入したものでしょうから、値段は分かるはずです」

「ちょっと待って下さい。ロボットにも製薬会社の名が書かれていますので、テレビと同じで広告宣伝用資産になると思います。製薬会社の名が書かれている面積比率は、どん帳での面積比率に比べたら桁違いに大きいです」

「ロボットは、広告宣伝用の資産にはなりません。実際に看護師さんの仕事をしているではありませんか」

「看護師と言いましたが、人間とロボットでは大違いです。カルテや医薬品を運ばせるのは盗難の危険がありますのでできません。マスクや手袋を運ぶのが精いっぱいです」

「現に役立っているではありませんか」

「ロボットの性能試験をしているようなものです。人間が動いた方が早い時もあります。要は、人寄せパンダ、人気作りのためのロボットです。ですから、広告宣伝用の資産になると考えます」

所有権はどこにあるのか？

かみ合わない議論の繰り返しになっていますが、調査官も、経理部長も、基本的なことに触れていません。それは、このロボットの所有権はどこにあるのか、所有者は誰なのかということです。先のテレビでも同じです。

悠々病院が「もらった」と認識しているのか、ウサギ製薬が「贈った」と認識しているのか、その確認ができていません。贈与は、「あげます」という意思表示があり、「もらいます」という意思表示がなされて、成立する法律行為です。

経理部長は、ウサギ製薬が勝手に置いていったものだと言っていましたので、ウサギ製薬では、これらのテレビやロボットを自社の資産として計上している可能性があります。

「テレビやロボットの提供を受けた時、交わした書類はないのですか」

「テレビの時は押印したものがあります」

「それを見せて下さい」

調査官はここから調査を始めればよかったのです。ウサギ製薬でも同じことで、購入したテレビという現物が社内にないのですから、その経緯が分かる書類を残しておかなければ、内部監査、外部監査、税務調査で問題になりますので、必ずその書類は存在するのです。

「悠々病院に無償で提供すること、修繕や廃棄の時は悠々病院の費用で行うことが書かれているではありませんか。ロボットの時の書類も見せて下さい」

「ロボットの時には、書類を交わしていません。修理やプログラム変更は製薬会社がするという口約束だけです」

「ロボットが暴走したら、誰が責任を取るのですか」

「その心配がありましたが、すべての責任を持つということでした」
「これは重要なことですよね。書類が作られているのではありませんか」
「書類はありません。本当です。しかし、責任や所有権者をはっきりさせるために、早急に書類を作成します。時間がかかるかも知れませんが、それまで待って下さい」

実際に書類がないのであれば、仕方ありません。後先になってしまいますが、所有権者をはっきりとさせた書類の作成が必要です。このような場面で、調査官が書類を待たないということはありません。

ロボットの所有権がウサギ製薬にあるのなら、悠々病院の経済的利益はないと考えられます。調査官が言うように、何らかの利益は発生していますが、まだまだ発展段階のロボットですから、性能試験をしているようなものというのが現状のようです。

贈与側の経理

贈与は、「あげます」「もらいます」の契約ですから、この合意がない限り贈与とはならないのですが、時として、贈与側と受贈側の認識が異なることがあります。

「あげた」はずなのに「もらっていない」、「あげていないのに」「もらった」と言っているという具合です。両者の認識が食い違っていると、適切な税務処理はできないのですが、

「あげた」と「もらった」の認識が一致している場合の贈与者の経理は、効果の及ぶ期間で均等償却、すなわち繰延資産になります。

そして、その償却期間は、その贈与した資産の耐用年数の10分の7に相当する年数（その年数が5年を超えるときは5年）となります。

ウサギ製薬の場合ですと、贈与した資産がテレビですから、テレビの耐用年数は5年。その10分の7は3年（1年未満の端数切り捨て）となります。

ただし、ここで注意しなければならないことがあります。前述のように、繰延資産として経理できるのは、広告宣伝用の資産ということです。自動車や陳列棚のように、贈与先の企業が通常使用する資産であることが条件です。居酒屋に車椅子を贈ったとしても、広告宣伝用の資産とはなりませんが、送り先が病院であるなら、広告宣伝用の資産となります。

製薬会社が、病院の医師に通勤用の高級自転車を贈る例がありますが、この場合には、広告宣伝用の資産とはなり得ませんので、交際費となります。また、医師側にも、受贈益を3分の2にできる道はありません。

29

株式のクロス取引は法人税ではダメ？

平均株価が上昇すると、消費が上向くと言われています。

それは、実際に株を売買して利益を手にした人ばかりでなく、株価が上昇したことによって嬉しいという気分になった人たちの消費が増えるからだそうです。

マイホームでも同じことが言えます。マイホームの市場価値が上がると、儲かったような嬉しい気分になって、消費が活発になるようです。

株式も、マイホームも、実際に売却しなければ利益を手にすることはできません。売ったつもりだけでは利益は手に入りません。それが大原則です。

逆の場合も同じです。株価がいかに下がろうと、マイホームの価値がいかに下がろうと、これらを売却しないかぎり損失は発生しません。これも大原則です。しかし、多くの人は損をした気分になって落ち込みます。

島田工業は家電部品を製造販売する企業。株式を売ったつもりでは、利益も損失も出ないので、実際に売却して損失を計上したのですが、それが税務調査で問題となりました。

損出し目的の土地や有価証券の売買はダメ？

「高島工業の株式を売却した理由は何ですか」調査官が尋ねます。

「売却の理由ですか……」予期していなかった質問に、経理部長は戸惑います。

「資金繰りではないようですね」

「資金繰りではありません」

「売却の理由は何ですか」

「売却した理由が必要なのですか。どこの会社の株式を売ろうと買おうと、当社の自由ではありませんか」

「もちろん自由ですが、高島工業の株式は、すぐに買い戻されています」

「そのことですか……高島工業は親会社ですから、株式を保有しています。したがって、売却したことが親会社に知れるといけませんから、買い戻したのです」

「ですから、なぜ、買戻しをしなければならない株を売ったのかを尋ねているのです」

「それは……」

「売却損を計上したかったからですね」

「ま、結果的にそうなりますね」

「損出し目的の売買は認められません」

調査官の発言は乱暴ですが、言わんとしていることの大筋に間違いはありません。

この株式売却の取扱いの基本は、有価証券の評価損を計上してはならないという、課税上のルールにあります。元来、法人税法は、土地や有価証券などの評価損を損金に計上することを認めていません。これを認めると、恣意的《しいてき》な決算により適切な納税が回避されるからです。

評価益も同じです。評価益を計上して納税してくれるなら税務署としてはありがたいのですが、会社の決算が赤字の時に評価益を計上して赤字を埋め、将来大きく黒字に転じた時に評価損を出して利益を減額する、ということが可能になりますので、評価益の計上も認められていません。

「いけませんか」

「これは、実質、評価損を計上するための売却です。それが証拠には、すぐに買い戻しています」

「親会社の株ですので、売却はできないのです」

「だから、なぜ売却したのかを尋ねているのです」

「売却損を計上するため、という理由ではいけないのですか」

「売却損の計上が目的だったのですね」調査官は、理由の可否については答えずに、売却の目的を確認します。

「当期は大きな黒字となりましたので、売却損を出しました」

「売却損は出ていますが、すぐに買戻しをしていますので、株価の付け替え、すなわち評価損の計上と同じことですので、この売却はなかったものとして扱います」

「評価損と売却損は違うと思います」

「すぐに買戻しをしていますので、評価損です。売却の目的からしても同じです」

経理部長が言うように、売却損と評価損は異なります。

しかし、評価損が計上できない状況にあって、売却後すぐに買戻しをする行為は、実質評価損の計上ですから、この売却はなかったこととされます。

個人の損出しはＯＫ？

「クロス取引はどこでもしていますし、私個人もしていますが、税務署に否認されたことはありません」

税法や通達にクロス取引という言葉はありませんが、株式を売って、同じ銘柄の株式を同じ数量買い戻すことをクロス取引と言います。

クロス取引そのものは禁じられていません。法人であっても個人であっても、クロス取引をすることはできます。できるのですが、法人の場合には評価損の計上が認められていませんので、その売却損（売却益）を計上することはできません。

「法人と個人とでは扱いが異なります」

「なぜ違うのですか。不公平ではありませんか」

「ここで税法の解釈をするつもりはありませんが、個人の場合には、事業所得から有価証券の評価損や売却損を差し引く道はありませんので、クロス取引を制限する必要はないということだと思います」

契約がなくとも予定されていれば契約があったものとみなされる？

「クロス取引というのは、株を売って、すぐに買戻しをすることですよね」

「そうです」

「でしたら、当社の場合は4日後の買戻しですから、クロス取引には該当しないのではありませんか」

「売却の時から、買い戻す約束になっていましたから、クロス取引です」
「買い戻す約束はしていません」
「親会社に知られたくないので買い戻したのですから、当初から買い戻す予定だったのは明らかです」

これについて、法人税の基本通達は、

●同一の有価証券が売却の直後に購入された場合において
●売却先から買戻し又は再購入をする同時の契約があるときは

その売却がなかったものとして取り扱う、としています。

そして、同時の契約がない場合であっても、この契約が予定されていたもので、売却価額と購入価額が同一となるように設定されている時なども、契約があったものとされます。

「だったら、何日後に買戻しをすればよかったのですか」
「何日後という期間の問題ではありません。最初から買い戻す予定であったものは、評価損の計上が目的であるとして、売却はなかったものとされます」

30

固定資産の売却損は計上できる？

時価会計が取り入れられるようになって、かなりの年月が過ぎました。当初は、資産の含み益を財務諸表に表すことに注目が集まりましたが、最近では、含み損を表すのが時価会計であるかのように言われることがあります。

特に、固定資産などの減損会計では、固定資産の評価減（収益性の低下）のみが捉えられていて、その逆の評価増（収益性の上昇）については触れられていないようです。

そして、中小企業の経営者からしますと、時価が下がったのだから損失を計上して納税負担を軽くしたいという思いと、金融機関などに対しては含み損を見せたくないという思いが交錯するのが現状です。

また、税法は時価会計を採用していませんので（原則）、企業会計上の利益と課税上の利益が大きく乖離することになります。経営者は判断の基準をどこに置けば良いのか、いまだに迷っているのが現状です。

目黒機械は、食品加工用の機械を製造する企業。広い敷地と工場を有していて、時価会計と税務会計の板挟みになっています。

土地の売却損を具現化するのはいいけれど

「土地の売却処分がありましたが、どこの土地ですか」調査官は、勘定科目の内訳書に記載のある土地勘定の減額について質問します。

「工場隣の土地です」社長が答えます。

「空き地だったのですか」

「社員の通勤用の駐車場として使用していました」

「すると、駐車場は現在、どうされているのですか」

「買い主に元の駐車場を使わせてもらっています」

「元の、と言いますと、売却した土地ということですか」

「そうです。以前から買い主に半分を使わせていた土地でして、売却以後、当社が使用料を支払うようになりました」

「買い主というのは、窓の外の、駐車場の向こうにある、あの会社ですか」調査官は窓の外を指差して質問します。

「そうです。鎌田製作所です。同じような仕事をしていますので、付き合いがあります」

「資本関係はあるのですか。あるいは役員の行き来はあるのですか」

「それらは全くありません」

「駐車場が使えなくなったらどうするのですか」

「そのようなことにはならないと思います」

「この時代、何があるか分からないではありませんか」

「ま、そうなのですが、私の長男と、鎌田製作所の娘さんとが結婚していますので、その心配はないと思っています」

「売却した土地の、登記簿謄本を見せて下さい」

調査官は、子供同士が結婚して、社長同士が親戚関係にあると聞いて、所有権移転の登記や抵当権の抹消登記がなされていることを確認すべきと判断したのです。

土地の売却損計上が目的の売買で、血縁関係のある法人へ売却した場合、所有権移転登記が済んでいなかったり、抵当権の抹消がされていなかったりするからです。

「所有権移転の登記は済んでいます。売買代金で銀行の借入を返済しましたので、抵当権抹消の登記も済んでいます」社長は調査官がチェックしたいことを、先回りして答えます。

「売却した理由はなんですか」

「資金繰りと言いたいところですが、はっきり言って、土地の評価減の具現です。企業会計では時価会計、すなわち減損会計が求められていますので、それに合わせるために、売却しました」

「あれ……」土地の登記簿謄本を見ていた調査官が呟きます。

「この土地は、5年前に鎌田製作所から購入した土地ですね」

「あ……」今度は社長が呟きます。5年前のことは分からないだろうと思い、鎌田製作所から購入した土地であることは隠していたのです。

普通の税務調査は、3年分ほどですので、調査官はそれより前の年分については申告内容を見ていないことが多いようで、そのことを知っていた社長は、鎌田製作所から買い取った土地であることは分からないだろうと思っていたのです。

しかし、土地の登記簿謄本には、所有権移転の履歴が記載されていますので、5年前に鎌田製作所から購入した土地であることは容易に分かります。

「あの時は、鎌田製作所の資金繰りが悪いということで、土地を買い取りました」

「5年前に買った土地を、今回、元の地主に売却したということですね」調査官は再度確認します。

「そのとおりです」

「なぜ売却したのですか」

「先ほど言いましたように、土地の評価減の具現です。売却損を出すことは違法ではないはずです」

課税所得を減額する目的で固定資産の売却損を出すことは、違法でも脱税でもありません。利益が出た時に不良資産を処分するのは経営者の責務でもあります。

「この5年の間に、地価は下がったのでしょうか。どちらかというと、多少は上がったように思われます。このような多額の売却損が出るような変動はなかったと思います」

「この辺は町外れですから、まだまだ下がっています」

「路線価などで地価の動きを見れば分かることですが、5年前の買値が高すぎたのではありませんか」

目黒社長が、5年前に鎌田製作所から購入した土地であることを隠していた理由はここにありそうです。鎌田製作所がバブル最盛期に購入した土地の評価損を消すために土地を売却し、今回これを買い戻したので、一連の流れを知られたくなかったのです。

売却損は問題なし、損を出す理由に問題あり？

くどいですが、土地の評価損を売却損にするため、土地を処分することに違法性はありません。不動産業者を通して、まったくの第三者に売却した場合を考えれば、税務署が異論を唱えるところはありません。しかし、目黒機械と鎌田製作所のように、血縁関係にある法人が、仲介業者を交えずに土地の取引をすることに疑問を抱くのが調査官です。

「5年前に、鎌田製作所との間で買い戻す約束ができていたのではありませんか」

「その約束はありません。売却損を出すために売ったのです」

「5年間で、こんな値下がりはしません。この売却価額はどのように決めたのですか」

「いわゆる世間相場です」

「5年前の売買価額が適正であるなら、今回の価額に誤りがあります。今回の価額が適正であるなら、5年前の価額に誤りがあります。鎌田製作所や双方の税理士と相談して、この点をはっきりとさせて下さい」

固定資産の売却損を計上することは何ら問題はないのですが、行き過ぎたことをすると、このように辻褄が合わなくなります。ただし、この辻褄合わせを調査官がするには無理がありますので、調査官はこう言って、後始末を依頼するのです。

31

中古資産の耐用年数は見積りが肝心？

似たような用語に「耐用年数」と「耐久年数」があります。ご存じのとおり、耐用年数は税法用語ですが、両者に違いはあるのでしょうか？

辞書的には、「耐用」とは使用に耐えうることですから、「耐用年数」は、使用できる年数（使用可能年数）ということです。一方、「耐久」とは、持ちこたえることですから、「耐久年数」は、使用できる最大限の年数ということになります。普通に使える年数が耐用年数で、最大限使える年数が耐久年数という意味合いになります。

そこで、税法上の「耐用年数」ですが、大きな修繕費を要しないで使うことができる年数として、省令で定められています。この耐用年数の定めを短いと感じる企業もあれば長いと感じる企業もあります。一般的には、政治的な意味合いもあってか、短く設定されています。例えば放送用の鉄塔の耐用年数は40年と定められていますが、東京タワーは築56年を過ぎていても健在です。

川俣製作所は、エレベーターやクレーンなどで使われている滑車（プーリー）を製造する企業。これらの滑車は大量に消費されるものではありませんので、受注生産で、熟練工による加工で作られています。

中古資産の耐用年数は簡便法の前に見積もらないとダメ？

「中古の工作機械を購入されていますが、耐用年数はどのように決めたのですか」固定資産台帳を見ながら、調査官が尋ねます。

新規取得（新品での購入）資産については、耐用年数が具体的に定められていますが、中古取得資産については具体的な耐用年数の定めがありませんので、企業としてはできるだけ短い耐用年数を設定する傾向にあります。

「簡便法で計算して、中古機械の耐用年数としました」経理部長が答えます。

簡便法とは、中古で取得した減価償却資産の使用可能期間（耐用年数）を、

- 法定耐用年数の全部を経過した資産は、法定耐用年数の20％の年数
- 法定耐用年数の一部を経過した資産は、残りの年数プラス経過年数の20％の年数

とすることができる方法です。

「法定耐用年数12年で、10年が経過していた機械ですから、残りの2年に、経過した10年

の20％の2年を加えて、4年としました」

「使用可能期間の見積りはしなかったのですか」

「簡便法で計算する方が簡単ですから、簡便法を使いました」

「簡便法は、使用可能期間の見積りが困難である場合に使うことができるものです。使用可能期間の見積りをすべきです」

調査官が言うように、簡便法は見積りが困難であるときに使えるもので、原則は見積りをすることが最初です。

「見積りをすると言いましても、手がかりがありませんので、簡便法を使いました」

「この機械を買おうと判断した理由は何ですか」

「当社で使える、ということです」

「そうではなく、機械の値段が安いとか、高いとか、考えたと思いますが」

「値段のことですか。安いに越したことはありませんが、売手は少しでも高く売りたいですから、折り合いを付けて買値を決めました」

「それが、8000万円ですね」

「そのとおりです」

「この機械を使うと、年間いくらの売上増になるのですか」

「およそ、年間1500万円の売上増になりました」

「そうですか。そうすると、この機械の購入価額は、何年で回収できる計算になりますか」

「5年半くらいですね」

「そうですね、5年半ですね。本体の価額を稼ぎ出すのに5年半を要する機械を、4年で償却していいのですか。人件費や電力などを加えれば、その差はもっと広がります」

「耐用年数は簡便法で計算しました」

「ですから、耐用年数の見積りをされたのかを、うかがっているのです」

「見積りは難しいです」

「難しいはずはありません。購入金額を回収するのに5年半、そこに人件費などの諸費用を加えたら、7年もしくは8年間。購入した機械が使用できないと赤字ですから、そのような計算、すなわち見積りをして、購入したのではありませんか」

「そう言われればそうですが、7年にしていいのか8年にしていいのか分かりませんので、簡便法を使いました」

「4年では短いということは、承知でしたね」

「このような計算をすれば、短いとは思います」

「ですから、このような計算をして、機械の購入を決めたのではありませんか」

「私も工場上がりの職人ですが，職人にはそのような計算は通用しません」これまでのやり取りを隣で聞いていた社長が口を開きます。

「この機械は使えそうだ，この機械を使えば良い品物ができる。判断基準はそんなものです。今回も，安定した動きと切削《せっさく》工具の脱着の良さで決めたのです」

「技術者としてのお考えは分かりますが，経営者として，採算面からも判断をされたと思います。採算は度外視《どがいし》ということではないと思います」

「この機械なら別の滑車も作りやすい，新しい分野の顧客も開拓できる，という判断はありました」

「現実に，別の滑車の受注や新しい顧客の確保ができたのですか」

「それはこれからのことで，何年かかるかわかりません」

「言葉尻を捉えるようで恐縮ですが，何年かかるか分からない仕事の受注のために，4年しか使えない機械を購入したのですか」

「それは計算上の数字でしょう。機械は長持ちするものですよ。24時間稼働させるなら別ですが，20年30年は使えます。最新の工作機械はコンピューター制御ですから，そこがダメになって使えなくなりますが，アナログの機械は丈夫です」

「社長……」経理部長が声をかけますが，遅かったようです。

見積もれば新品の耐用年数を超えることもある?

「4年どころではなく、もっともっと使えるということですね」

「15年は使えるね」

「15年だそうです。4年では短いということはご理解いただけましたね」調査官は経理部長の顔を見ます。

「15年は長すぎます」

「法定耐用年数が12年ですから、最長でも12年ですね」

社長の正直な答が返ってきました。社長は15年は使えると予測していたのです。

そうしますと、この中古資産の見積り耐用年数をどうすべきかが問題となります。調査官が言うように、法定耐用年数を超す見積りはおかしいですから、最長でも12年です。

新品の機械と10年を経過した機械が同じ耐用年数というのもおかしいですが、見積りをするということは、このようなことです。

簡便法は見積りが困難な場合の手段です。

32

社葬の費用を経費で落とす条件は？

最近の葬儀は簡素化されたと言われています。

「ジミ婚」の言い方に倣えば、「ジミ葬」というところでしょうか。街の中で葬儀の花輪の列を見なくなりましたし、周囲に渋滞を起こすような大きな葬儀もなくなったようです。少子化のうえ、定職に就かない人が多くなったのも原因しているのでしょう、勤務先の関係者が大勢弔問に訪れるということも少ないようです。

そのような中、社葬を行いやすくなったという声があります。家族だけが火葬場でお別れをする「直葬」や、身近な人達だけでする「家族葬」が増えたため、葬儀の規模を大きくして売上金額を大きくしようとする葬儀業者が社葬を勧めるのだそうです。

葬儀業者は「社葬の手引き」なる冊子を用意して、法人の経費で落とす方法を解説伝授しているといいます。

大津興業は、廃棄処分された鉄材を買い入れて、これを整理切断し、溶鉱炉を持つ工場へ売り捌《さば》く企業。買入先は不特定多数で、大津興業へ持ち込んできます。鉄の相場が悪い時には、持ち込んだ業者に処分料を請求することもあって、買入先とは難しい関係にあります。

社葬費用はそう簡単に認めてもらえない

「福利厚生費が突出して大きくなったのは、社葬があったからですね。どなたの社葬でしたか」調査官は前年に比して福利厚生費が大きく膨らんでいるのを見て、大津興業を調査対象に選んだのです。海外旅行をしたのだろうか、と思って元帳を開いたところ、社葬だったことが分かりました。

「創業者の妻で、110歳でした」社長が答えます。

「社長の祖母ということですか」

「そうです。祖父は20年以上も前に亡くなっています」

「社葬ですから、取締役会の議事録がありますね。見せて下さい」

「役員は、私と家内と長男の3人ですので、議事録は作っていません」

「社葬の決定をしたのはどなたですか」

「我々3人です。前々から社葬にすることは決めていました。何しろ，創業者の妻で，故人あっての大津興業，故人あっての我々ですから」

「我々とは」

「……あ，我々社員のことです。家族のことではありません」

「創業者，すなわち，社長の祖父が亡くなられた時も，社葬をされたのですか」

「あの時は，バブルが崩壊した時で，社葬どころではありませんでした」

葬儀を社葬とすることについては全く問題がありません。問題が生じるのは，その費用を法人が負担した場合です。社葬を行うことが社会通念上相当と認められるのか，その負担した費用が通常要すると認められる金額なのか，この点が問題になります。

「創業者の奥さんは，いつまで大津興業で仕事をされていたのですか」

「名は大津トメといいますが，80歳位までですから，30年位前までは仕事をしていましたし，給料を支払っていました」

「そうしますと，大津トメさんを知っている社員は少ないですね」

「30年以上勤務している者ということですから，数名です」

「顧客はどうですか。大津トメさんを知っている取引先はあるのですか」

「おそらく，ないと思います」

「故人を知っている人がほとんどいない状況で、社葬なのですか。この状況では大津興業の社葬とするには無理があると考えます」

「あなたは、上司の母親や祖母を知っているのですか。会ったことがあるのですか。会ったこともない人の葬儀には行かないと言うのですか」

社長の言うとおりです。故人を知っている人がいないことを理由にして、社葬にはならない、ということはできません。社会通念上（世間一般に）行われている範囲内であるかどうかが問われなければなりません。

社葬の条件

とはいえ、110歳の老婆が、会社でどのような働きをしていたのか、周囲には分からないまま社葬をするというのもおかしなことです。単に創業者の妻というだけでは、社会通念上社葬をする理由にはなりません。

「葬儀の様子を写した写真を見せて下さい」

「それは個人的な部分がありますから、見せられません」

「葬儀場には、大津興業の社葬である旨の案内板が出されたと思いますので、その部分の写真で結構ですので見せて下さい」

調査官は、葬儀場の案内板に社葬である旨が書かれていただろうから、それを見せて欲しいと言います。社葬であるなら、「大津トメ儀葬儀式場」と書かれた案内板に、大津興業の社葬である旨が書かれているはずなのです。

「そこを写した写真はないようです」社長は、写真帳を繰りながら答えます。

「それでは、会葬御礼の葉書を見せていただけますか」

「そこまで見るのですか」

「社葬であったことを確認したいのです」

社葬であったなら、会葬御礼は葬儀委員長の名で出されますから、調査官はそれを確認したいと言うのです。

「ところで、葬儀委員長はどなたがなさったのですか」

「葬儀委員長を立てるような大それた葬儀ではありませんでしたから……」

「社葬ですから、葬儀委員長はいたはずです」

〝名ばかり社葬〟であったなら、葬儀式場にも、会葬御礼にも、社葬であることが分かる掲示や文面はありません。ないないづくしでは調査官を納得させることはできません。

「社葬をすることに、どのような意味があったのですか」

「大義名分はありません。創業者の妻ということです」

「大変恐縮ですが、香典帳あるいは会葬者名簿を見せていただけますか」

「それはプライバシーでしょう」

「社葬であったことを確認したいのです。会葬者の多くが大津興業の関係者であったことを確認したいのです」

「会社関係が何人だったらいいんですか」

「何人という決まりはありませんが、社会通念上相当と認められる規模、すなわち常識的な会葬者がなければ、社葬として認めることはできません」

調査官の言うとおりです。いかに社葬という名を付けても、会葬者に会社関係者が少なく、親族が大半であるなら、社葬としての経理は認められません。

葬儀業者主導で社葬を装うと、このような指摘を受けることになります。

なお、社葬であっても、密葬の費用、初七日の費用、四十九日の費用、戒名料、仏具仏壇の費用、納骨の費用、香典返しなど返礼の費用などは、社葬の費用として扱うことはできません。これらは、遺族が支払うべき費用です。

また、社葬の場合であっても、会葬者が持参した香典については、法人の収入としないで遺族の収入とすることができます。

33

社長借入はその出所が問題？

法人税法では、交際費の損金算入限度額や税率を、資本金１億円で区分して、その扱いを異にしています。例えば資本金が１億円以下である中小法人には損金算入の限度額や税率を低く設定しているのです。

また、会社法では、資本金が５億円以上、負債の合計額が200億円以上を大会社と規定しているのですが、世間一般では、「社長が個人保証するのが中小企業」などといわれたりします。会社が金融機関から借入をする際に、代表取締役たる社長が連帯保証人になることを求められるのが中小企業というわけです。

確かに、上場企業の貸借対照表に記載された長期借入金の額を見ますと、6000億円などという桁違いな金額が計上されていたりしますから、社長が個人保証をしようにも保証のしようがありませんし、金融機関も、保証を求めたとしても無意味ですから、社長の個人保証は必要ないのです。

沢田土木は、土木工事を請け負う企業。いわゆる中小企業で、社長自身も現場に出て指揮を執らなければならないのが現状です。

社長借入は問題なし、社長財産の出所に問題あり

「社長からの借入が何回もありますね」調査官は借入金の元帳を見ながら尋ねます。

「典型的な中小企業ですから、個人も会社も区別がありません。資金繰りのためには私個人の金を注ぎ込まなければなりません」沢田社長が答えます。

「6月23日に、社長から300万円の借入がありますが、この資金繰りは何でしたか」

「25日の給料です。給料は待ったなしの現金払いですから」

「社長の方の資金繰り、すなわち、この300万円はどのようにして用意されたのですか」

「そっちの資金繰りですか。そのくらいの金は常時持っています。こんな仕事をしていると何があるか分かりませんからね」

「持っていたと言いますと、手元にあったということですか」

「そう、家の金庫に入れてありました」

「今も同じくらいの現金を置いているのですか」

「その位の現金は置いています」

「金庫の中の現金はどう都合されるのですか」

「どう都合するって、給料以外のはずはありません」

「もう一つ、9月28日に、社長から1500万円の借入がありますが、この1500万円はどう都合されたのですか」

「私の預金から1000万円、家内の預金から500万円、それぞれ引き出して会社に入れました。借入時の入金が2本に分かれているでしょう」

「お二人の預金通帳を見せて下さい」

「それはプライバシーではありませんか」

「実際に借りたものであることを確認したいのです。プライバシーは守られます」

借入金は法人の損得に関係がないので調査の対象にならないと思われることがありますが、調査官は銀行からの借入であっても、その内容を確認します。

実際に銀行から借りたものなのか、借り入れた金額が正しく入金されているのか、この点が確認の対象になります。銀行借入を装って、会社のウラ金を表に出すということもありますし、借入金の一部を会社に入金しないで社長が使ってしまうことがあるからです。

「お二人の預金から出ていることは確認できましたが、なぜ、奥さん名義の預金からの借入が、社長借入になるのですか」

「夫婦の預金ですから、一緒に扱いました。これを分けると面倒でもありますし」

「奥さんの預金から出たものを、社長のものと一緒にするなら、贈与です。奥さんから社長へ500万円の贈与になります」

「贈与のつもりはありません」

「それとも、この奥さん名義の預金は、もともとは社長のものなのですか」

「そんなことはありません」

このような見方をするのが調査官です。引き出された預金が別の名義で使われるなら贈与、贈与でないというのなら、元々の預金の所有者の名義が違っていたのではないか、と考えるのです。

「先ほど社長は、手元の金庫にあった現金は給与だとおっしゃいましたが、この預金通帳を見ると、給与は全額ここに振り込まれていますので、300万円もの現金が手元にできるとは考えられません」

そして、調査官は通帳を見てこう言います。

「そこまで通帳を見たんですか、プライバシーの侵害ですよ」

「借り入れたことを確認するためです。金庫にあった300万円をどう都合つけたのかを、預貯金の動きをふまえて教えて下さい」

「そんな、急に言われても……」

「今でなくても結構です。時間をかけて思い出して下さい」

調査官は、売上を隠してできたウラ金が現金で残されていたのではないか、と疑っているのです。出所の明確でない現金があったからといって、即脱税にはならないのですが、その疑いがある時には、このように言って社長に下駄を預けるのです。

売上を借入に見せかけることも

「それから、11月5日にも、社長から108万円の借入があります。この108万円についても、出所を教えて下さい。少なくとも、社長や奥さんの預金からは出ていません」

調査官は108万円という数字に閃きます。100万円プラス消費税の8万円に違いないのです。売上を落とせるのか落とせないのか、迷いながら一旦は入金したものを、後になって社長借入として経理をすると、このようなことになるのです。

「友人から借りたのかもしれません」

「8パーセントの消費税を付けてですか。しかも、この日前後の資金繰りを見ますと、借入をする必要があったようには思えません。なぜ8パーセントなのですか。なぜ借入をしたのですか」

「よく覚えていません」

「友人から借りたのであれば、覚えているはずです。覚えていないということは、借りていないということではありませんか。１００万円プラス消費税の工事の売上入金を、間違って社長借入にしたのではありませんか」

「間違って……そうかもしれません」

売上を落としたと言われるより、間違ったのではないかと言われる方が、その後の展開が楽になります。調査官の誘導です。

「受注簿なり、現場日誌なり、作業日誌なり、請求書なり、領収書の控なり、見直して下さい。何かが漏れてしまったように思います。もちろん、私がこれらを調べてもいいのですが、何日も調査にお邪魔することになりますので、社長の方で見直して下さい」

「……そうですね、見直しをしてみます」

「土木工事業ですから、工事先から資料が出ていますので、これらを調べれば売上が正しいかどうかは分かります」

調査官は、逃れることは出来ませんよ、というニュアンスで念を押します。

34

除却損を計上する条件は？

「リストラされた」というと、退職を迫られて仕方なく会社を辞めた、窓際の席にもいられなくなった、という意味で使われますが、「リストラする」側からすると、不良債権、不良在庫、不良資産などの整理の1つとしての人員整理となります。

不良在庫をいつまでも抱えていると、倉庫代や維持管理費が嵩みますので、早期に処分することが望まれますが、不良債権の場合は置き場所が必要なわけではなく、維持管理費が多額に必要ではないのに、なぜ銀行の不良債権が問題になったのか、いまだに分からないという声があります。

不良在庫もいつかは売れるかもしれませんので、保管するのも一方法ですが、変色したり時代遅れになったりして、ますます市場価額が下がっていきます。しかし、不良債権もいつかは回収できると考えるなら、処理を急ぐ必要はなかったのではないかとも思えます。

須藤工業は携帯型発電機の部品を製造する企業。大震災以来、受注が増加しているのですが、工場の設備などが古く、受注に応じきれないのが現状であるため、大規模な工場内リストラをしました。

舗装路面の除却

「舗装路面の除却が、固定資産除却損で計上されていますが、舗装路面の除却とは珍しいですね」営業外費用の元帳を見ていた調査官が尋ねます。

「駐車場の舗装を剥《は》がしました」経理部長が答えます。

「駐車場が不要になったのですか」

「新しく工場を建設します。駐車場は工場敷地外に移しました」

「工場を作るために舗装路面を剥がしたのであれば、その費用や除却損は工場の取得価額になります」

「そんな……聞いたことがないです。工場を建てなかったらどうなるんですか」

「土地の価額に加算となります」

「そんな……」経理部長でなくとも言いたくなります。調査官の意見は乱暴です。

時折、調査官が言うような経理を見ることがありますが、これは間違いです。

確かに、舗装路面の除却と工場の建設には関連がありますが、会計上、税務上は別々の出来事ですから、除却損などを工場の取得価額に加算する必要はありませんし、ましてや、土地の価額に加算する必要もありません。

土地と建物を同時に取得して、その後に建物を取り壊した場合には、建物の取壊費用などを土地の価額に加算しなければならないという規定があるので、工場や土地の価額に加算という考えが生じるのでしょうが、その必要はまったくありません。

トラックの除却

「トラックの廃車手続きをしたのは、決算後の4月ですね」調査官は車両の関係書類から、トラックの廃車（抹消）手続きをした日を確認して、こう聞きます。帳簿の上では決算期日前に除却されているのに、陸運事務所への手続きは決算後になっているからです。

「廃車したのは、12月なのですが、抹消は4月になってしまいました」

「抹消した日が除却の日だと思いますが」

「廃車は12月に決めていました。それが証拠には、12月に小型トラックを購入しています。廃車にした大型トラックは、シートを掛けなければならず使いづらかった上、8トンと大きくて効率が悪く、また大型の運転免許を持っている社員が少ないため、効率のいい箱形の小型トラックに替えたのです」

「大型トラックも使っていたので、抹消手続きをしなかったのではありませんか」

「売却先を探していたのです。この時代、8トンのトラックの需要は少なく、しかも平積みの箱なしですから、なかなか売れませんでした」

「売りに出していたからと言って、使っていなかったことにはなりません」

「トラックの運行管理簿を見て下さい。日時と目的地、走行距離などが記入してあります。12月半ばから記入がないのが、使用していなかった証拠です」

「運行管理簿はどうとでも書けますから、陸運事務所への手続きで判断します」

調査官の言葉には乱暴なところがありますが、この判断に間違いはありません。

固定資産の除却とは、その資産を解体して撤去《てっきょ》（解撤《かいてつ》）するか、粉砕、廃棄して再び使用することができない状態にすることです。つまり、使用しないことを決めただけでは、除却損で落とすことはできません。なぜなら、故意に除却損を計上して課税を回避する行為がまかり通ることになってしまうからです。

法人税の通達では、解撤、粉砕、廃棄していない場合には、「今後通常の方法により事業の用に供する可能性がないと認められる資産」に限って除却損を計上できると定めています。したがって、使用しなくなっただけ、という理由でトラックの除却損失を損金に算入することはできません。

須藤工業の場合、トラックのエンジンが破裂するなどして、通常の方法では事業の用に供せない状態になったのであれば、陸運事務所への抹消登録とは関係なく、除却損を計上することができます。

機械の除却

調査官は、工場内の機械を確認したいと申し出て、工場内にある機械と固定資産台帳との突き合わせをします。除却したはずの機械が工場で稼働していたりするからです。調査官は工場の隅に寄せられている機械の番号をチェックします。

「A１３００という機械はこれですね。固定資産台帳の上では除却したことになっていますが、今もここにありますね。除却はしなかったようですね」

「これは生産ラインから外しましたので、ここに置きました。生産ラインには、A１８００という自動機を入れましたので、A１３００は二度と使用しません」工場長が答えます。

「再び使用するのでここにあるのではありませんか」

「再使用は考えていません」

「新しい機械が故障した場合には使えますね」

「この機械を設置し直して電源などをつなぐには数週間もかかり、多額の費用もかかりますので、故障した機械を直す方が早くて安上がりです」

「では、なぜ、ここに使わない機械を置くのですか」

「そうだ、思い出した。これは機械メーカーの下取りに出したのです」経理部長が割って入ります。

「下取りなら、ここに置かれていないはずです」

「そうなんですが、メーカーには置き場所がないですし、運搬費も大変ですから、転売先が決まるまで置かせて欲しいということなんです」

解撤、粉砕、廃棄していない資産は、今後通常の方法により事業の用に供する可能性がないと認められる場合に限って除却損を計上できるのですが、下取りに出したのであれば除却ではなく売却ですから、下取りの時点で処分が決まっています。

「A１８００を購入した時の契約書を見ていただければ、下取りのことが分かります」

調査官は購入契約書から下取りの事実を確認します。

35

盗難による損失はどう処理するの？

政務調査費の収支報告がメチャクチャで、記者会見で号泣した議員がいましたが、どこの世界でもひとたび道を間違うと取り返しがつかなくなる人がいるようです。議員秘書の給料をピンハネしたり、関連の業界から裏献金を受けたり、議員のモラルはどこへやら、という感じですし、首長や公務員が出入り業者から賄賂を受け取る例も少なくありません。

企業でも同じことです。社員の不正は後を絶ちません。

勤務時間中のスマホ使用を禁止したり、なかにはスマホの充電を禁止する企業も現れたといいます。勤務時間のドロボウ、会社の電気のドロボウというわけで、これなどはまだ可愛い感じがしますが、被害額が大きいのは銀行の使い込みでしょう。行員が何億円、何十億円というお金を他の人物に振り込んだり、行員が使い込んだりする事件がありました。まさに、世に盗人の種は尽きまじです。

三重パークは遊技場を複数店経営する企業。集金担当者が売上金を持ち逃げして、社内で大問題になったのですが、同じことが税務調査でも問題になりました。

仕訳は事実を表すべき

「雑損失に盗難というのがありますが、詳しく教えて下さい」調査官が尋ねます。

「集金担当が、売上金を持ち逃げしたのです。計画的だったようで、会社に戻らずそのままドロンしたのですが、机もロッカーも整理されていました」経理部長が答えます。

「なぜ、1000万円という綺麗な数字なのですか」

「売上金額は、店舗が集計した連絡票に書かれているのですが、それも持っていかれてしまい、正確な金額が分からないので、1000万円としました」

「雑損失の相手勘定が売上になっていますが、売上が持ち逃げされたのですか」

「そうです。土日の売上2日分です」

「現金を持ち逃げされたのですよね」

「そうですが……」経理部長は調査官が言っていることが分かりません。

「盗難に遭ったのは現金ですから、相手勘定は現金です。売上を相殺するような仕訳で事実と異なりますから、この損失は認められません」

「そんな……損失が発生したのは事実です」

調査官の指摘にも一理ありますが、経理部長の言う損失が発生した事実を否定することはできません。確かに、盗まれたのは現金であって、売上ではありませんから、この仕訳では現金が盗難に遭ったことにはなりません。しかし、損失が発生した事実は現れています。

（借方）現金／売上（貸方）　（借方）雑損失／現金（貸方）

この仕訳の現金勘定が省略されているだけのことです。

盗難の事実

「関係書類を見せて下さい」

「関係書類といいましても、何もありません。持ち逃げする者が書類を残すはずはありませんし、我々も、書類は作っていません」

「警察への届出はどうされたのですか」

「マスコミに知れると店の評判が落ちますので、届出はしませんでした」

「それでは、盗難があったことも確認できないではありませんか」

「それは事実です。社内の誰に聞いてもらってもかまいません。全員が知っていることです」

「社員の言葉だけでは足りません。何らかの確認できる書類が必要です。誰かが盗難事件をでっち上げたのかもしれませんから」

「でっち上げて何になるんですか」

「1000万円というお金が懐《ふところ》に入ります。それが出来るのは誰ですか？　経理部長も出来るのではありませんか」

「警察のようなことを言わないで下さい。税務署は警察とは違います」

経理部長は怒りを込めて言うのですが、調査官が言わんとしていることは分かっています。仮にこれが社内ぐるみで仕組んだ「事件」だとしたら、売上除外による悪質な脱税になるからです。

「本人に返還請求をしたのですか」

「アパートも引き払っていて、行方不明ですので、請求ができません」

「探偵社を使うとかして、行方を捜す努力をしたのですか」

「それはしていません」

「保証人へ請求をしましたか」

「実は、保証人は、架空の人物でした。こんなことになるとは思っていませんでしたから、書類さえ出ていればいいと思っていたのです」

「持ち逃げされた金額はアバウト、警察には届けていない、本人は行方不明、探偵社を使って捜そうともしていない、保証人も実在しない、返還請求はしていない、となると、この事件そのものが疑わしくなります。本当に持ち逃げされたのですか」

「言われればそのとおりですが、事実であることに間違いはありません」

「その事実を確認させて下さい」

「……その社員のタイムカードではどうですか。行方をくらました後は出勤していませんので、それが分かります」

「辞める社員は何人もいるでしょうから、それは証拠にはなりません」

「持ち逃げした時から出勤していません」

「その日に合わせて、盗難事件を作り上げたのではありませんか」

確認できる書類が何もないのですから、こう言われても仕方ありません。

債権放棄

「持ち逃げイコール損失ではありません。会社には求償権があります。債権放棄はされたのですか。回収できないことが確定したのですか」

「盗まれたのですから、損失です。盗人に債権放棄はしないはずです」

「犯人は分かっていますから、世間で言う盗難とは違います。求償権を行使することができますので、雑損失で落とすことはできません」

「行方不明なんですから、回収できません」

「捜しもせずに、行方不明なんですか。簡単に結論を出しすぎです。現時点では債権放棄がなされていませんし、回収できないという客観的証拠がありませんので、雑損失の計上は認められません」

「回収できないという証拠はありませんが、できないものはできません」

「盗難とはいえ、現時点では金銭債権ですから、回収できないことが明らかになった時まで損失にはなりません」

調査官の指摘のとおりです。警察への届出をせず、社員の行方を捜すことをせず、持ち逃げされたことだけをもって損失に計上するのは無理です。1000万円という金額ですから、警察へ届けてしかるべきで、届け出ていれば証拠となる証明書は入手できたはずです。

貸倒損失と盗難による求償権は異なりますが、少なくとも貸倒損失と同程度の状況とならなければ、雑損失として計上することはできません。

【著者紹介】

薄井逸走（うすい　いっそう）

昭和22年生まれ。関東信越国税局、東京国税局などに国税調査官として勤務。現在、フリーの税金ジャーナリスト。テレビやラジオで脱税を厳しく批判し、節税をやさしく解説している。

著書に、『法人税調査はズバリ！ ここを見る』『法人税調査はきっと！ ここを見る』『管理会社まかせにしないマンション管理』（中央経済社）、『住基ネットとプライバシー問題』（共著、中央経済社）、『わかる！ トクする！ あなたの税金』『脱税と節税ここが分かれ目』（日本実業出版社）、『税の世界の表と裏』（講談社）、『ウラ金はこうして作られる』（エウメディア）など多数。

税務調査官の着眼力

顧問税理士や社長にも教えてあげよう

2015年6月5日　第1版第1刷発行

著　者　薄　井　逸　走

発行者　山　本　憲　央

発行所　㈱中央経済社

〒101-0051　東京都千代田区神田神保町1-31-2

電話　03（3293）3371（編集部）

03（3293）3381（営業部）

http://www.chuokeizai.co.jp/

振替口座　00100-8-8432

印刷／三　英　印　刷　㈱

製本／誠　製　本　㈱

＊頁の「欠落」や「順序違い」などがありましたらお取り替えいたしますので小社営業部までご送付ください。（送料小社負担）

ISBN978-4-502-15181-1　C3034